PARCOURS DE LECTURE

Collection dirigée par Alain Boissinot, Jean Jordy, Marie-Madeleine Touzin.

LA RONDE
et autres faits divers

J.M.G. LE CLÉZIO

par ***Joël GLAZIOU***

BERTRAND-LACOSTE
36 rue Saint-Germain-l'Auxerrois - 75001 PARIS

ISBN 2-7352 **1629**-2

SOMMAIRE

Repères

Avant-propos

J. M. G. Le Clézio est l'un des rares auteurs contemporains capables non seulement d'offrir un monde particulier et une vision du monde très personnelle, mais aussi de proposer une manière de le décrire, dans un style original qui tient moins du compte rendu que du « procès-verbal » comme l'annonçait le titre de son premier ouvrage.

Il apparaît d'ores et déjà comme un des écrivains majeurs de la seconde moitié du XXe siècle, non seulement en France où plus de trente ouvrages (romans, nouvelles, essais) ont été publiés et où un large public l'a reconnu (des jeunes qui l'ont adopté aux enseignants qui le diffusent largement dans leurs cours) mais aussi à l'étranger où de nombreuses traductions existent déjà. Les tirages sont là pour le prouver puisqu'ils atteignent plusieurs centaines de milliers d'exemplaires : *Mondo* a ainsi dépassé les 350 000 exemplaires, toutes éditions confondues.

Dans cet ensemble, *La Ronde et autres faits divers*[1] apparaît comme un recueil exemplaire. Exemplaire parce qu'il est représentatif d'une grande partie de l'œuvre de Le Clézio, au niveau de thèmes récurrents comme les problèmes de la jeunesse, de l'exclusion, de la solitude ou de l'immigration comme au niveau d'un lieu : la Méditerranée, chère à l'auteur. Exemplaire aussi parce que représentatif d'une époque, celle des années 70-80, avec ses problèmes de délinquance, de violence des jeunes, d'urbanisation sauvage : Le Clézio est un des rares écrivains à n'utiliser ces réalités sociales contemporaines ni comme toile de fond, ni comme prétexte à un engagement politique dans l'air du temps mais comme une véritable matière première, un matériau brut, « brut de coffrage » comme le titrait B. Poirot-Delpech dans un article

1. J.M.G. LE CLÉZIO, *La Ronde et autres faits divers,* Gallimard, 1982.
Toutes les références au texte renvoient à la réédition en collection Folio (n° 2148). Les autres ouvrages de l'auteur cités dans ce volume sont tous (sauf mention contraire) édités aux éditions Gallimard.

du journal *Le Monde*, le 7 mai 1982 (Voir Documents complémentaires). Exemplaire enfin parce que représentatif d'un genre littéraire à part entière, souvent relégué à la seconde place derrière la production romanesque, genre court de la « nouvelle » qui maintient ses liens avec la vraisemblance (contrairement au conte) et qui rappelle ici ses liens avec le « fait divers » journalistique.

Ce parcours de lecture se propose donc d'étudier l'originalité de ce recueil de nouvelles où Le Clézio dresse onze « procès-verbaux » du monde contemporain tout en créant un univers personnel qui allie la cohérence interne et la diversité des thèmes abordés et qui allie également le particulier du fait divers à l'universalité du mythe.

I. LES NOUVELLES DANS L'ŒUVRE DE J.M.G. LE CLÉZIO

Si l'on considère les cinq recueils publiés par Le Clézio à ce jour, l'appellation de « nouvelles » peut sembler abusive, car elle a rarement été utilisée lors de la première publication, comme pour de nombreux auteurs contemporains. Il convient donc en premier lieu de s'interroger sur les problèmes de genre et de terminologie.

❑ Terminologie

Pour *La Fièvre* (1965), l'éditeur ne donne aucune précision ; quant à Le Clézio, il écrit dans une lettre préliminaire adressée au lecteur que :

> ces neuf histoires de petite folie sont des fictions

Pour son deuxième recueil, il titre *Mondo et autres histoires* (1978), sans autre précision ; mais les critiques ont souvent parlé de « contes », sans doute parce que certains font référence au monde merveilleux de l'enfance. Avec *La Ronde et autres faits divers* (1982), toujours sans la mention du mot « nouvelle », Le Clézio compose pourtant le recueil qui présente les textes les plus proches de la conception moderne de la nouvelle, c'est-à-dire racontant un « instant important » de la vie d'une personne. Enfin, *Printemps et autres saisons* (1989) est présenté par l'éditeur comme un recueil de « nouvelles » et *Hasard* et *Angoli Mala* (1999) sont qualifiés par Le Clézio de « courts romans ou longues nouvelles » sur la quatrième de couverture.

L'étude du paratexte, entre autres les quatrièmes de couverture et les prières d'insérer qui y figurent, est donc source de renseignements précieux et dénote une évolution significative.

Repères

PARATEXTE

Gérard Genette, dans **Seuils** (Le Seuil, Collection Poétique, 1987), désigne par ce terme tous les éléments qui entourent le texte et que le lecteur découvre avant ou après la lecture du texte proprement dit. Ainsi tout ce que Genette qualifie de *péritexte* sur la couverture, les titres, les sous-titres et les illustrations éventuelles (notamment en collections de Poche) ; à l'intérieur, les dédicaces, les épigraphes, les notes, les avis au lecteur, les préfaces et les postfaces, les prières d'insérer (qui peuvent être rédigés par l'auteur, par l'éditeur ou une autre personne) ; en quatrième de couverture, les présentations de l'ouvrage, signées par l'auteur ou rédigées par l'éditeur ; mais aussi l'*épitexte* à l'extérieur du livre même, les entretiens, interviews et confidences de l'auteur.

Ces éléments permettent de guider le choix du lecteur mais aussi d'orienter la lecture. Ce sont donc des indications précieuses pour analyser quelle orientation et quel sens, auteur et éditeur ont voulu donner à l'œuvre publiée. Car selon Genette

> « les œuvres littéraires ne se présentent jamais en société sous la forme d'un texte nu : elles l'entourent d'un appareil qui le complète et le protège, en imposant au public un mode d'emploi et une interprétation conformes au dessein de l'auteur [...] L'enjeu est souvent considérable : ainsi, comment lirions-nous l'**Ulysse** de Joyce s'il ne s'intitulait pas Ulysse ? »

Constatons d'abord que de nombreux éditeurs, dont Gallimard, ont souvent évité de porter le mot « nouvelles » sur les recueils, soi-disant parce que la nouvelle se vend mal. Cependant, et c'est là sans doute une preuve, lorsqu'en 1989 se manifeste un regain d'intérêt pour la nouvelle et que l'on atteint un chiffre record de publication de recueils, Gallimard s'empresse de faire figurer le mot non seulement sur le recueil de Le Clézio, mais aussi ceux de Baroche, Josselin, Oldenbourg et Tournier, parus à quelques semaines d'intervalle.

Il serait trop simple toutefois de voir dans ce problème d'appellation une simple fantaisie éditoriale. En effet, Michel Viegnes dans *L'Esthétique de la nouvelle française au XXe siècle* (Peter Lang, 1989) présente les textes de *La Fièvre* comme des anti-nouvelles, car il est certain qu'un texte qui ne contient qu'un discours purement descriptif ne saurait qu'à l'extrême limite être classé dans la catégorie des « nouvelles ».

Mais il oppose les textes descriptifs statiques de Robbe-Grillet à ceux de Le Clézio plus « dynamiques puisque le narrateur y décrit la réalité extérieure, en constante métamorphose » (p. 69).

D'autres, comme Jean Onimus dans *Pour lire Le Clézio,* (PUF, 1994) hésitent entre le conte et la nouvelle. Pour lui, *La Ronde* constitue « une nouvelle compacte, chef-d'œuvre de densité, avec effets ménagés et terrible coup de théâtre final. Mais c'est un conte qui a pris le poids d'un récit réaliste. »

En effet, le style oral du conteur est souvent présent de *Mondo* jusqu'à *Le temps ne passe pas* dans *Printemps et autres saisons* qui commence ainsi :

> D'abord je voudrais vous dire qui était Zobeïde, comme elle était belle, unique. Mais au moment de le dire, je ne sais plus très bien par où commencer. (p. 123)

Proches du symbole, certains textes comme *La Ronde* passent du fait divers au mythe. On se trouve donc très souvent « à la frontière du conte et de la nouvelle » (p. 186). Par ailleurs proches de la réalité quotidienne, les neuf histoires de *La Fièvre* ou les onze faits divers de *La Ronde* s'apparentent à une certaine conception de la nouvelle située dans le réel, par opposition au conte situé dans le merveilleux et l'irréel. Il n'est donc pas toujours facile de trancher.

René Godenne, le spécialiste de la nouvelle francophone, en rendant compte des trois premiers recueils de Le Clézio, le présente bien comme un nouvelliste : « indépendamment de la qualité de l'écriture (mais c'est un truisme), c'est la pratique (achevée) de la nouvelle-instant qui fait de Le Clézio un des nouvellistes importants des plus inattendus de la seconde moitié du XXe siècle ». (*Bibliographie critique de la Nouvelle de Langue Française* (1945-1985), Droz, 1989, p. 181).

Enfin, il faut tenir compte des déclarations de Le Clézio lui-même sur ces problèmes de terminologie. Dans sa lettre introductive de *La Fièvre* (Voir Documents complémentaires), il écrivait déjà : « Les poésies, les romans, les nouvelles sont de singulières antiquités qui ne trompent plus personne, ou presque. Des poèmes, des récits, pour quoi faire ? L'écriture, il ne reste que l'écriture. »

Deux ans plus tard dans *L'Extase Matérielle* (1967), il poursuivra ce refus des genres et sa recherche d'une écriture « vraie », proche des choses et des êtres.

> Les formes que prend l'écriture, les genres qu'elle adopte ne sont pas tellement intéressants. Une seule chose compte pour moi ; c'est l'acte d'écrire. Les structures des genres sont faibles. Elles éclatent facilement. [...] Évidemment les genres littéraires existent, mais ils n'ont aucune importance. Ils ne sont que des prétextes [...] Mais le problème du "genre" est aussi plus important qu'il n'en a l'air, parce que, pour trop de gens, il y a un snobisme du genre comme il y a un snobisme de la mode vestimentaire. On déclare n'aimer que le roman (et dans le roman, qu'un seul "genre", le policier, etc.), ou n'être sensible qu'à la poésie. Et tel poème, s'il portait sur sa couverture le mot "nouvelle" ou "récit", ne connaîtrait pas la même faveur de la part des initiés. (p. 104-105)

Ainsi il faut donc reconnaître que chez Le Clézio il n'y a pas de véritable barrière entre les genres. D'ailleurs, cette indifférenciation se retrouve dans nombre de ses œuvres : *L'Extase Matérielle* et *L'Inconnu sur la terre* (1978), intitulés « essais », comportent des passages proches du récit et du poème en prose ; *Balaabilou* n'est-il pas un conte extrait après coup du roman *Désert* (1980) ? Et *Watesenia* qui joue le rôle de matrice génératrice des *Voyages de l'autre côté* (1975) est-il un essai, un poème en prose ou un conte cosmogonique ? D'autre part, *Pawana* (1992) écrit pour être représenté sur scène, n'est-il pas avant tout un récit, une nouvelle de l'aveu même de l'auteur ? Enfin en 1999, Le Clézio écrit que *Hasard* et *Angoli Mala* peuvent être considérés comme deux romans courts ou deux longues nouvelles : *Hasard* dépasse les 200 pages, tandis que *Angoli Mala* atteint les 75 pages !

Ainsi la brièveté, premier critère d'identification de la nouvelle, s'avère très relatif. Et cela à l'intérieur même de chaque recueil. Pour le premier recueil, la longueur oscille de 7 pages à 51 pour *La Fièvre* avec une moyenne de 25 pages ; pour le second, de 16 pages à 70 pour *Mondo* et une moyenne de 36 pages ; pour le troisième, de 11 pages à 41 pour *La Grande Vie* et une moyenne de 20 pages ; enfin pour le quatrième, de 12 pages à 96 pour *Printemps* et une moyenne de 37 pages. Sur ces quatre premiers recueils comportant globalement 33 nouvelles, la moyenne est de 27,5 pages.

Il resterait à savoir si les différences d'appellation correspondent à d'autres différences de formes... Mais selon Le Clézio, il s'agit surtout de différences dans l'écriture même, différences de concentration, de condensation puisque le roman impliquerait un développement, une durée, alors que la nouvelle saisirait un moment de crise :

> Au commencement, cela peut-être n'importe quoi : un conte, une légende, peut-être juste une idée qui passe, quelques paroles prononcées par une jeune fille dans la rue, un rêve rêvé par un vagabond, une bribe de chanson. Je veux dire, il n'y a rien qui laisse savoir comment ça finira, comment ça

sera. Puis ça continue, encore, et encore, ça devient multiforme, ça naît sans cesse et c'est ce qu'on appelle un « roman », avec un grand bruit, un grand mouvement. Ou bien ça s'ouvre et ça se referme très vite, et c'est juste le temps de saisir un mystère, un reflet, un éclat. (Lettre du 11/12/1990).

❑ Intertextualité

• Le recueil

La nouvelle a un statut ambigu : elle peut être lue de façon isolée et ainsi se suffire à elle-même ; mais elle appartient aussi à un ensemble plus vaste, le recueil et même l'œuvre tout entière. Il convient donc de savoir quel est le statut du recueil et quelles sont les relations, les interactions des textes entre eux.

Comme c'est souvent le cas, de nombreuses nouvelles de Le Clézio ont été publiées dans un premier temps dans des revues ou des recueils collectifs. C'est le cas pour *Le jour où Beaumont fit connaissance avec la douleur* en 1964 dans le N° 135 de la NRF (Nouvelle Revue Française), de *La Fièvre* en 1965 dans les N° 157 et 158 de la NRF. C'est le cas aussi pour quatre nouvelles de *La Ronde* publiées dans la NRF : *La ronde* dans le N° 324, *Moloch* dans le N° 335 en 1980, *L'échappé* dans le N° 344 en 1981 et *Villa Aurore* dans le N° 350 de 1982. Ce sera le cas enfin pour *La saison des pluies* dans les N° 432 et 433 de 1989. D'autre part, une partie d'*Angoli Mala* parut en 1989 sous le titre *Le malheur vient dans la nuit* dans le N° 86/87 de la revue Sud consacré à Le Clézio. Enfin de nombreux textes ne sont pas repris à ce jour en recueil : en 1994, Le Clézio participe au recueil collectif *Raconte moi la vie* (Hachette, 1994) en offrant *L'Enfant de sous le pont* (histoire d'un enfant abandonné, sorte de suite ou de pendant de *Moloch*) ; et depuis 1987, des portraits de femmes comme *Hanné* en 1987 et *Kalima* en 1990 dans la NRF, *Maranna* dans Vogue et *Trois Vies de femme* (*Sue, Rosa, Alice*) dans Télérama en 1990 ou *Je me souviens de toi, Oriya* dans le Courrier de l'Unesco en 1993.

Ce rapide inventaire montre qu'avant la publication en recueil, s'organise pour Le Clézio un long temps d'écriture, de préparation et de choix. Et que le recueil se compose autour d'une tonalité, d'une thématique commune et d'une nécessité interne.

Souvent la nouvelle qui donne son titre au recueil se trouve en tête du recueil et est (sauf pour *La Ronde*) la plus longue du recueil : elle en donne le ton et le thème.

• Le statut de la nouvelle dans l'œuvre

En près de quarante ans, depuis 1963, Le Clézio a écrit plus de trente ouvrages, dont une douzaine de romans et cinq recueils de nouvelles (soit 35 nouvelles parues en recueils et une dizaine de nouvelles isolées dans des revues).

Les nouvelles ne sont donc pas à la première place dans l'œuvre de Le Clézio, cependant elles participent à la dynamique d'ensemble, paraissant souvent en contrepoint des romans (ou même des essais) annonçant et continuant une problématique ou une thématique proche, inventoriant ou approfondissant des voies parallèles...

Ainsi, comment ne pas voir dans les neuf nouvelles de *La Fièvre* un complément aux thèmes du *Procès-Verbal* : absence au monde ou hyperprésence grâce à une « extase matérielle » résultant d'une ivresse ou d'un dérèglement des sens. Lors de ses conversations avec Pierre Lhoste en 1971, Le Clézio qualifie les textes de *La Fièvre* d'histoires

> « puisqu'il s'agissait de nouvelles
> C'était une tentative pour sortir du cadre du roman
> Si j'avais commencé par des nouvelles j'aurai continué avec un roman » (p. 14)

De l'aveu même de l'auteur, *Le Procès-Verbal* était d'abord une nouvelle qui a pris de l'ampleur[2].

---

2. Madeleine CHAPSAL, « Entretien avec Le Clézio : être jeune, c'est un peu répugnant », dans *l'Express*, n° 649, 21 novembre 1963.

Comment ne pas voir la synergie existant entre *L'Inconnu sur la terre* et *Mondo*, qui de l'aveu même de Le Clézio, ont été écrits en parallèle :

> Ceci est une histoire, écrite sur plusieurs cahiers d'écoliers italiens, en même temps que, sur un autre mode, et sur des feuilles de papier machine 21 x 27, s'écrivaient les phrases de *Mondo et autres histoires.*

Cette « histoire d'un petit garçon inconnu » n'est-elle pas un écho ou un double de *Mondo* ou de *Celui qui n'avait jamais vu la mer ?*

Enfin on pourrait constater que depuis *Désert,* en 1980, la présence des thèmes liés à l'Afrique et à l'immigration en France (annoncée avec *La roue d'eau* et *Hazaran* dans *Mondo*) se multiplieront ensuite dans les deux recueils suivants et aussi dans *Onitsha* (1991) et *Étoile errante* (1992). En effet, l'exil d'un bord ou de l'autre de la Méditerranée fait des jeunes héroïnes de Le Clézio des êtres doubles, coupés d'une partie d'eux-mêmes : Libbie-Saba, Zobeïde de *Printemps et autres saisons* ne sont-elles pas les sœurs de Lalla ? Zinna n'est-elle pas la sœur d'exil d'Esther d'*Étoile errante* ?

D'autre part, chez Le Clézio, les textes peuvent aussi entretenir des rapports « interactifs » : ainsi *Watesania*, texte qui tient à la fois de l'essai, du poème en prose et du conte cosmogonique (paru d'abord dans la NRF, N° 262, Octobre 1974), jouera le rôle de matrice génératrice des *Voyages de l'autre côté* (1975).

À l'inverse, un fragment du roman *Désert* (plus exactement les pages 133 à 141) sera présenté comme une « nouvelle » sous le titre de *Balaabilou,* en 1985, dans une édition illustrée par Georges Lemoine et destinée aux adolescents.

Les nouvelles sont donc très souvent au centre de l'œuvre ; elles offrent une petite porte pour pénétrer l'ensemble ; elles sont comme un microcosme où chaque élément renvoie à la totalité.

Dans la suite de ce parcours, on pourra voir comment chaque nouvelle peut se lire dans ses liens avec les nouvelles du recueil mais aussi avec les autres ouvrages de Le Clézio (romans, nouvelles et même essais) et voir comment on peut étendre cette *intertextualité* à certains textes de la tradition littéraire et aux grands mythes de l'humanité.

Prolongements

1. ***Analysez en quoi les « histoires » racontées par Le Clézio dans* La Ronde *sont à la fois des « fictions » et des « faits divers » réels ou vraisemblables.***

2. ***Analysez pourquoi les onze « faits divers » de* La Ronde *ne peuvent être des contes.***

3. ***Analysez les quatrièmes de couverture des cinq recueils (voir Documents complémentaires).***

4. ***Lisez un des recueils de brefs récits de Le Clézio et rendez compte oralement de la nouvelle que vous avez préférée.***

5. ***B. Poirot-Delpech a écrit un article dans le journal* Le Monde *lors de la publication de* La Ronde *en 1982 (voir Documents complémentaires)...***
   À votre tour, écrivez un article en mettant en relief les aspects du recueil que vous avez aimés ou non.

II. LES FAITS DIVERS ET LES NOUVELLES... ENTRE JOURNALISME ET LITTÉRATURE

Le recueil *La Ronde* est sous-titré... *et autres faits divers*. Ce faisant, Le Clézio renvoie en priorité au journalisme avant de faire référence à la notion de genre littéraire. En quoi ces onze histoires sont-elles bien des faits divers que l'auteur a lus (ou aurait pu lire) dans les pages d'un journal comme Nice-Matin entre 1970 et 1982 ? (Voir Entretien avec J.M.G. Le Clézio dans les Documents complémentaires). Ou plus fondamentalement, la nouvelle journalistique a-t-elle quelque chose à voir avec la nouvelle littéraire ? Où réside la différence entre ces deux modes d'écriture pour raconter un événement ?

❑ Nouvelle ou fait divers ?

Commençons par un bref détour par les dictionnaires, en nous attardant sur l'étymologie et l'histoire du mot « nouvelle ». Dès le Moyen Âge, la nouvelle désigne un événement vécu récemment que l'on rapporte pour la première fois. Aux siècles suivants, il s'agit d'anecdotes que l'on rend publiques (avec les « nouvelles à la main » du XVIIe siècle) et d'histoires extraordinaires dont le public entend parler pour la première fois au sens de Goethe qui parlera alors « d'événement inouï ».

Au XIXe siècle, à l'âge d'or du journalisme, la nouvelle ou fait divers désignera l'événement qui vient faire irruption dans la vie quotidienne, mais qui reste inclassable dans les rubriques journalistiques habituelles comme la politique, l'économie. Parallèlement, d'un point de vue littéraire, la nouvelle (déjà présente avec Boccace au XIVe siècle et ses imitateurs français des siècles suivants) connaît un renouveau au XIXe siècle avec l'utilisation qu'en font les romantiques européens et celle qu'en fait Edgar Poe que Baudelaire traduit en français : les *Histoires extraordinaires* sont à l'origine de plusieurs branches de la littérature contemporaine avec le fantastique, le policier et le noir. Dans tous ces cas, il s'agit de faire le récit d'une histoire dramatique, brève et comportant peu de personnages. Baudelaire parle « d'intensité » et « de vérité » (voir Documents complémentaires).

Repères

NOUVELLE [nuvɛl] n. f. — XIIIe ; *novele* XIe ; lat. pop. *novella*. n. f., de *novella*, plur. « choses récentes » **1.** Premier avis qu'on donne ou qu'on reçoit (d'un événement récent) ; cet événement porté pour la première fois à la connaissance de la personne intéressée, ou du public. *La nouvelle d'un décès, d'un putsch.* « *La nouvelle que l'armée autrichienne avait été battue* » (Bainville). *Annoncer, apporter, répandre une nouvelle. Connaissez-vous la nouvelle? Nouvelle de bonne source* (cf. On apprend, des milieux autorisés...). *La nouvelle n'est pas confirmée.* ⇒ **bruit, écho, rumeur.** *Fausse nouvelle.* ⇒ **bobard, canard.** *Lancer une nouvelle sensationnelle* (⇒ 1. **bombe**), *importante et exclusive* (⇒ **scoop**). — *Une bonne, une mauvaise nouvelle* : annonce d'un événement heureux, malheureux. *Heureuse, triste, fâcheuse nouvelle. Nouvelles alarmantes.* — SPÉCIALT *La bonne nouvelle* : l'Évangile. — LOC. *Ce n'est pas une nouvelle* : c'est une chose que je savais déjà. *Première nouvelle!* en parlant d'une chose dont on n'avait pas connaissance et qui surprend. ◊ *Les nouvelles*, tout ce que l'on apprend par la presse, les médias. ⇒ **information.** *Aller aux nouvelles. Écouter les nouvelles à la radio, à la télévision. Les nouvelles du jour. Dernières nouvelles*, celles de dernière heure. *Petites nouvelles et faits* divers.* **2.** PLUR. Renseignements concernant l'état ou la situation d'une personne qu'on n'a pas vue ou dont on n'a pas entendu parler depuis quelque temps. *Avoir des nouvelles de qqn. Je n'ai aucune nouvelle de lui. Aux dernières nouvelles, il allait mieux.* « *Sans nouvelles de toi, je suis désespéré* » (Apoll.). *Ne plus donner de ses nouvelles.* ⇒ **signe** (de vie). *Envoyer, faire prendre des nouvelles d'un malade.* FAM. *Quelles nouvelles ?* comment ça va? ◊ LOC. PROV. *Pas de nouvelles, bonnes nouvelles* : quand on ne reçoit pas de nouvelles de qqn, on peut supposer qu'elles sont bonnes. — (Menace) *Vous aurez, vous entendrez de mes nouvelles! Soyez tranquilles, il aura bientôt de mes nouvelles!* — *Vous m'en direz des nouvelles* : vous m'en direz sûrement du bien, vous m'en ferez compliment. « *Je vais te faire goûter à mon eau-de-vie de prunes, tu m'en diras des nouvelles* » (Sarraute). **3.** (XVe ; it. *novella*) Récit généralement bref, de construction dramatique, et présentant des personnages peu nombreux. ⇒ **conte.** *Romans et nouvelles.* « *la* nouvelle [...] *est faite pour être lue d'un coup, en une fois* » (Gide). *Auteur de nouvelles* (⇒ **nouvelliste**). *Recueil de nouvelles.* — « *Les Cent Nouvelles nouvelles* », *recueil de nouvelles d'auteurs français publié au XVe s. Les nouvelles de Mérimée, de Maupassant.*

Le Petit Robert, 1985

La nouvelle journalistique et la nouvelle littéraire ont souvent un matériau identique : la réalité, et ont également le même support d'édition : le journal. Dans les deux cas, la brièveté est une contrainte technique majeure.

Rappelons que de nombreux auteurs ont utilisé les faits divers de leur époque dans leur œuvre. À titre d'exemples : Stendhal trouve le sujet de son roman *Le Rouge et le Noir* dans « La gazette des tribunaux » de 1827 ; une bonne moitié des nouvelles que Maupassant a publiée dans les journaux s'inspire de faits réels ; Camus, journaliste à Alger Républicain, utilisera ce qu'il a vu et entendu dans les tribunaux pour son roman *L'Étranger*... sans oublier « l'histoire du tchécoslovaque », fait divers qui avait frappé l'auteur, qu'il transpose dans la prison de Meursault et qui sera à l'origine de sa pièce *Le Malentendu*.

Le Clézio lui-même dans son premier roman, *Le Procès-Verbal*, introduira la photocopie de trois pages de journal dans la trame narrative pour rapporter un fait divers concernant Adam Polo, le personnage principal.

Enfin, un journaliste, Félix Fénéon (1861-1944), écrira pendant plus de vingt ans chaque jour dans le journal « Le Matin » ses *Nouvelles en trois lignes* (*Œuvres*, Gallimard, 1948). L'originalité de cette entreprise tient dans le fait qu'il s'agit d'événements réels choisis dans l'actualité par Fénéon mais surtout dans le travail d'écriture et de style qu'il s'est imposé : la brièveté (25 mots environ, 30 maximum), l'utilisation de nombreuses figures de rhétorique qui en renforce l'effet... Ainsi, il crée un véritable « genre » qui va au-delà des contraintes journalistiques habituelles (informer de manière concise par la brève ou le fait divers) pour aborder une véritable recherche littéraire (voir Documents complémentaires).

❑ Nouvelles ?

Peut-on résumer les onze histoires racontées par Le Clézio comme des faits divers ? Si tel est le cas, ce serait comme remonter à la source même, au matériau brut, que l'auteur a développé (au sens photographique du terme). Ce serait remonter au texte journalistique (réel ou plausible) et ainsi montrer ce qui différencie le journalisme de la littérature. Ce serait aussi un moyen de dégager les sujets et les thèmes abordés dans chacun des textes.

En les prenant dans l'ordre du recueil, il convient de voir pour chacun ce qui relève du fait divers (réel ou potentiel) et donc du journalisme et ce qui relève de la littérature.

Dans *La Ronde*, tous les éléments du fait divers sont présents. Le titre pourrait être « Vol à l'arraché : 1 mort ! » ou bien « Vol à l'arraché : Justice immédiate ! » suivi du texte répondant aux questions essentielles : quand ? où ? qui ? quoi ? comment ? : « Hier vers 13 heures, Place de la Liberté, Martine, 17 ans, fuyant sur son vélomoteur après avoir dérobé le sac à main d'une passante, a heurté un camion de déménagement au centre du carrefour. Elle est morte sur le coup. ». Voilà sans doute ce qu'un journaliste donnerait à lire à ses lecteurs, mais Le Clézio nous décrit comment Martine vit et ressent les moments qui précèdent le vol et l'accident.

Dans *Moloch*, la référence au fait divers paraît plus lâche ; la dramatisation est liée à la misère et la solitude. C'est le caractère insolite des conditions dans lesquelles Liana accouche qui en font un fait divers plausible qui prendrait alors la forme suivante : « Incroyable aujourd'hui ! En bordure de l'autoroute et au-delà de la zone commerciale, une jeune femme, Liana, vivant seule à l'écart de tout, a accouché dans un mobile home. ». Voilà sans doute ce qui pourrait retenir l'attention d'un journaliste, mais Le Clézio s'attarde à décrire les sensations physiques de Liana sans oublier les sensations du chien Nick (ce qui est un procédé plus proche du fantastique que de la vraisemblance journalistique).

Pour *L'Échappé*, l'évasion de prison et la reprise du fuyard constituent un double fait divers. Le compte rendu journalistique pourrait se formuler de la façon suivante : « Évadé de la prison de Nice, Tayar qui était en cavale depuis plusieurs jours, a été repris par les forces de l'ordre, grâce au témoignage d'un jeune garçon. ». Le lecteur d'un journal n'en saurait pas plus alors que Le Clézio informe son lecteur sur le drame personnel de Tayar, tiraillé entre les souvenirs de son enfance passée dans le mont Chélia en Algérie et sa fuite présente dans l'arrière-pays niçois.

Dans *Ariane*, le fait divers potentiel pourrait être ainsi rédigé : « Ariane : encore un viol ! Hier soir, dans les caves de la cité de l'Ariane, une jeune fille, Christine, a été violée par une bande de motards. Terrorisée par les menaces, elle n'a pas voulu porter plainte… ». Mais un problème de vraisemblance se pose alors : s'il n'y a pas eu plainte, comment un journaliste peut-il avoir connaissance des faits ? Mais cela implique la présence d'un narrateur témoin connaissant la psychologie de Christine… et nous éloigne aussi du simple compte rendu journalistique.

Dans *Villa Aurore*, le fait divers qui résulterait du récit serait ainsi formulé : « La nuit dernière, Marie Doucet a été agressée par des inconnus dans sa villa, sur les hauteurs de la ville. Cette vieille dame, qui refuse de quitter sa maison et le vaste jardin qui l'entoure, est la dernière habitante de ce quartier abandonné que les Niçois connaissent bien et qui a été récemment livré aux promoteurs immobiliers… ». Mais cette version ne tient pas compte du témoignage de Gérard Estève qui parle (à la première personne) de son approche de la villa à trois moments différents de sa vie, ce qui permet d'opposer la nostalgie de l'enfance, d'un passé révolu et la fuite devant la destruction, la violence et l'absurdité du monde contemporain.

Dans *Le Jeu d'Anne*, le fait divers peut résider dans l'ambiguïté entre l'accident et le suicide d'Antoine mais aussi dans la tragique coïncidence avec la mort de son amie Anne, un an auparavant. Ainsi on pourrait lire dans un journal : « Accident ou suicide ? Hier, sur la route de l'Observatoire, la voiture d'Antoine a brusquement quitté la route sans raison apparente et est venue percuter le parapet avant de s'abîmer dans le ravin quelques dizaines de mètres en contrebas. Tragique coïncidence : il y a un an exactement, une jeune femme, Anne, avait trouvé la mort dans les mêmes circonstances et au même endroit ! ». Mais bien évidemment le cheminement intérieur qui amène Antoine à sa décision, ni les liens qu'il entretient avec Anne, ni les souvenirs qui expliquent son geste, ne pourraient être connus d'un lecteur de journal.

Dans *La Grande Vie*, la fugue et le délit de grivèlerie suffisent à attester le fait divers. « Depuis plusieurs jours, deux jeunes fugueuses, Christèle et Christelle, menaient « grande vie » dans les hôtels de la Côte d'Azur et de la Riviera... Elles ont été arrêtées à la frontière entre l'Italie et la France ». Mais sous cette forme, le lecteur ne connaîtra pas les raisons qui ont poussé les deux jeunes filles à fuir la monotonie de leur travail et de leur vie quotidienne.

Dans *Le Passeur*, l'essentiel du fait divers n'est pas dans le passage d'un ouvrier clandestin qui vient en France pour travailler, mais plutôt dans le fait que ce dernier après un an d'exploitation et de vie clandestine, choisisse de repasser la frontière pour retourner dans son pays. « Venu de l'est, attiré par la France et le travail qu'il pouvait y trouver, Miloz a passé la frontière clandestinement il y a un an. Mais aujourd'hui, il a décidé de refaire le chemin en sens inverse pour retrouver la « vraie vie » et Léna qui l'attend au pays ». Il s'agit moins d'un fait divers que des quelques lignes du « chapeau » placé en tête d'une enquête réalisée par un journaliste d'investigation.

Dans *Ô Voleur...* il n'y pas plus de véritable fait divers ; pourtant la référence au journalisme est possible puisque le texte prend la forme d'un entretien entre une personne qui pose des questions (un journaliste ?) et un immigré portugais qui explique pourquoi et comment il est devenu voleur. Le fait divers annonçant sa mort ou son arrestation en flagrant délit par la police n'est que potentiel, mais l'entretien pourrait être annoncé ainsi : « Un immigré portugais, au chômage depuis plusieurs mois, explique qu'il vole pour nourrir sa famille ».

Dans *Orlamonde*, le fait divers pourrait être rédigé ainsi : « Sauvée de justesse ! Une petite fille, Annah qui se cachait dans les ruines de la villa Orlamonde (qui appartenait à l'écrivain Maurice Maeterlinck) a été récupérée par une équipe de sauveteurs juste avant que les travaux de démolition commencent... ». Malgré la vraisemblance des faits (qui renvoient peut-être à la réalité) Le Clézio brouille pourtant les cartes en plaçant en exergue la phrase suivante :

> Toute ressemblance avec des événements ayant existé est impossible !

Enfin dans *David*, si le vol est un délit mineur, son explication est plus originale et cela le différencie d'un fait divers banal. Ainsi on pourrait lire : « Arrêté en flagrant délit de vol de billets dans la caisse d'un grand magasin, David a expliqué son geste en affirmant qu'il voulait rejoindre son grand frère... en prison ! ». Pourtant le texte de Le Clézio nous montre que l'explication est ailleurs.

Après cet inventaire, on peut recenser les principales différences entre les textes de Le Clézio et de simples faits divers journalistiques. Dans le premier cas, l'écrivain fait vivre à son lecteur les moments précédant la mort, le suicide, le vol ou le viol... parfois en pleine connaissance des sentiments et des sensations des personnages. Dans le second, le journaliste ne livre au lecteur que les éléments d'un compte rendu, d'un procès-verbal où la recherche de l'objectivité implique d'abord d'établir les faits sans chercher à les expliquer, les interpréter.

❑ Faits divers et faits de société

Tous ces faits divers renvoient à des événements particuliers impliquant un individu. Mais ils révèlent aussi l'époque et la société dans lesquelles vivent ces individus. Ainsi les violences (vols, viols, suicides...) qui constituent ces faits divers sont à replacer dans un contexte plus vaste, économique et social où l'on trouve les problèmes des banlieues, de l'immigration, de la délinquance des adolescents... Loin d'être isolés, ces phénomènes sont donc plus fréquents, plus généraux, surtout quand les médias les répercutent quotidiennement, amplifiant ainsi leur écho.

Sur ces faits, les journalistes et les sociologues se contentent de faire des constats, de rédiger des comptes rendus, de dresser des procès-verbaux, d'établir des statistiques... et même de tirer des normes sociales. En un mot, ils essayent de donner une version « objective » des faits.

À l'opposé, pour un écrivain comme Le Clézio, les faits n'étant que la partie visible, il sera important d'en montrer la face cachée, l'envers du fait divers, ce qui le précède à l'intérieur de la conscience des personnages. Ce faisant, il donne une version « subjective » des faits –sans toutefois donner son opinion– qui va placer le lecteur au cœur de ses personnages et lui faire vivre l'histoire à l'intérieur.

Parmi les faits de société abordés par Le Clézio, celui de la délinquance juvénile est à placer en première place : le vol est présent dans *La Ronde, La Grande Vie* et *David.* Mais Le Clézio multiplie les explications du phénomène pour éviter une généralisation trop rapide : Martine vole pour s'affirmer aux yeux des autres jeunes, c'est une épreuve, un rite de passage et d'intégration dans un groupe ; David vole –malgré sa haine de l'argent et de la société de consommation– pour imiter son frère et le rejoindre ; quant à Christèle et Christelle, elles volent pour connaître la « grande vie » que leur modeste travail et leurs maigres économies ne leur permettent pas de s'offrir. Mais le vol n'est pas l'apanage des jeunes, Le Clézio met en scène Liana et un « immigré portugais anonyme » pour qui voler est une nécessité pour survivre.

Les problèmes liés à l'immigration sont présents dans trois nouvelles : *L'Échappé, Le Passeur* et *Ô Voleur.* Là encore Le Clézio en décline les différentes caractéristiques : avec Tayar, il insiste sur l'exil et la déchirure de ceux qui ont la nostalgie de l'enfance et du pays natal ; avec Miloz, il insiste en plus sur l'exploitation dans le travail des clandestins ; avec le « voleur portugais », il insiste enfin sur le chômage qui guette en priorité le travailleur immigré et sur la difficulté d'une véritable intégration.

La solitude, de même que ses corollaires la misère et l'exclusion, sont des données également présentes dans d'autres textes –sans pourtant être liées à l'immigration, ce qui évite tout amalgame hâtif– comme dans *Moloch* et *Orlamonde*, où Liana et Annah se retrouvent seules pour des raisons personnelles et familiales.

Enfin, le modernisme lié à la société de consommation et à l'urbanisation est évoqué entre autres dans *Villa Aurore* et *Orlamonde*. Le problème abordé est alors celui de la destruction de la nature et du passé face aux promoteurs immobiliers qui n'ont d'autres valeurs que l'argent et le profit.

Si dans la réalité, le fait divers reste « immanent » comme l'a démontré Roland Barthes (voir Documents complémentaires) et si dans sa relation journalistique, l'événement est objectivé et tout son sens est donné, l'utilisation littéraire permet, quant à elle, de donner un sens. S'appuyant sur les faits mais aussi sur ce qui les sous-tend, passant du particulier au général, la nouvelle donne ainsi une valeur de symbole à une histoire particulière. C'est en ce sens que Le Clézio fait œuvre d'écrivain et non de journaliste, comme l'ont démontré Georges Molinié et Alain Viala dans *Approches de la réception* (*Sémiostylistique et sociopoétique de Le Clézio*, PUF, 1993) : « la nouvelle s'écarte du modèle du fait divers, elle affirme sa littérarité, et par là dessine une image de l'écrivain qui elle aussi s'écarte de celle du journaliste. (p. 249) »

Prolongements

1. *Expliquez en quoi les onze « faits divers » de* **La Ronde** *correspondent ou non à la définition de la nouvelle.*

2. *Résumez en style journalistique et en moins de trente mots les onze « faits divers » à la manière des* **Nouvelles en trois lignes** *de Félix Fénéon (voir Documents complémentaires).*

3. *Définissez le mot « symbole ». Expliquez ensuite en quoi certains personnages et événements du recueil sont symboliques.*

4. *Choisissez un fait divers qui vous a particulièrement frappé dans la presse et développez-le sous la forme d'un récit structuré d'une trentaine de lignes.*

5. *Après avoir analysé les procédés de narration et de style utilisés par Félix Fénéon (voir Documents complémentaires), rédigez à votre tour un fait divers sous la forme d'une « nouvelle en trois lignes ».*

III. LA QUÊTE DES EXCLUS ET FUGUEURS

Depuis Adam Polo dans *Le Procès-Verbal*, les personnages des romans et nouvelles de Le Clézio sont souvent des jeunes qui fuient un monde moderne qui ne leur convient pas ou qui cherchent désespérément à s'intégrer dans un monde qui les rejette.

Cette caractéristique générique se conjugue de différentes manières dans les textes du recueil, mais il faut aussi tenir compte du statut particulier des personnages dans un texte court. En effet si l'on se réfère à la définition de la nouvelle vue préalablement, ces histoires comportent « peu de personnages ». Un personnage central ou deux dans chaque histoire. De plus, le statut social et le portrait psychologique sont rarement détaillés. Certains disent même, en généralisant sans doute un peu hâtivement, que les personnages des textes courts sont inconsistants, sans épaisseur, sans profondeur psychologique. Contrairement au roman où le lecteur suit l'évolution d'un personnage sur une longue durée, le personnage de nouvelle vit dans l'instant, il est saisi à un moment de crise, à un moment crucial où sa vie bascule : cette caractéristique se vérifie dans tous les textes du recueil, excepté dans *La Grande Vie*. En cela, l'étude du statut des personnages permet de différencier la nouvelle du roman et même du conte où le personnage se réduit à une fonction dans la narration (héros, adjuvant ou opposant).

❑ Recherches d'identité

• Pré-noms

En faisant l'inventaire des personnages, il est difficile de dresser un portrait type. Au-delà du simple constat qu'il y a légèrement plus d'éléments féminins que masculins et plus d'adolescents que d'adultes, les différences biologiques d'âge ou de sexe restent insuffisantes pour établir un type particulier.

Les particularités physiques ne permettent pas non plus des caractérisations très développées : Le Clézio peint ses personnages avec une grande économie de moyens et les portraits qu'ils brossent confinent souvent à la caricature : David est « petit », Titi se réduit à ses « cheveux rouges ». Si ces détails permettent une identification facile, il en va tout autrement dans certains cas où Le Clézio semble brouiller les pistes afin d'empêcher toute possibilité de reconnaissance comme avec Pouce et Poussy qui se ressemblent tant qu'elles « ont toutes les deux le même rire, dans le genre de grelots qu'on agite » (p. 154) et qu'elles peuvent échanger leur identité –sans être pourtant de vraies jumelles– !

Par contre, la dénomination des personnages –ou son absence– semble plus intéressante. En effet, aucun personnage n'est désigné par un nom propre, un nom de famille sauf pour Marie Doucet et Gérard Estève dans *Villa Aurore* : nom que l'on peut lire « Est-ce Ève ? » pour cet Adam qui veut remonter à l'origine, à l'aurore des temps. D'ailleurs la plupart des adolescents sans patronyme sont privés de père, que celui-ci soit mort (pour David et Annah) ou absent (pour Pouce et Poussy, Christine et Martine).

Cette étude des noms, appelée onomastique, peut être utile pour mieux faire parler les personnages. Ainsi si certains sont banals, comme Martine, d'autres le sont moins : Liana dans *Moloch* est bien celle qui est liée à Simon par l'enfant qui va naître mais qui a coupé ses « liens » avec tout, Christine dans *Ariane* est bien celle qui souffrira dans sa chair et son âme, qui subira une passion comme celle du *Christ*, violée le lundi de Pâques avant de ressortir de sa cave, comme le *Christ* de son tombeau, le lendemain matin… Tayar, « celui qui vole dans les airs » en arabe, est celui qui vole par dessus la Méditerranée pour retrouver ses souvenirs d'enfance, Antoine est celui qui conserve au plus profond de lui même et jusque dans son prénom (AN-toi-NE) le souvenir d'Anne, cet autre moi ou « toi ». Et si Christèle et Christelle portent presque le même prénom doublé d'un surnom Pouce et Poussy, c'est pour rappeler leur –fausse– gémellité, mais aussi pour rappeler que ces deux anges volent vers *la grande vie* et que l'une avec ses deux « l » vole mieux que l'autre ! Quant à David, il porte le même prénom que son père et que le jeune berger qui a tué un géant dans l'histoire que sa mère lui a racontée…

Repères

ONOMASTIQUE

Ce mot d'origine grecque, désigne l'étude des noms propres et plus particulièrement les noms (et prénoms) de personnages.

Ces noms choisis en toute liberté par l'auteur sont souvent des indices qu'il laisse découvrir au lecteur pour trouver le sens du texte, comme les cailloux du Petit Poucet. Ils donnent une indication sur l'origine géographique, sur l'origine sociale (ainsi dans *Le Rouge et le Noir*, Stendhal oppose le plébéien Julien Sorel à la noble Mathilde *de* la Môle), mais ils peuvent avoir aussi une fonction symbolique qui éclaire la nature, la personnalité ou le projet d'un personnage (le « Candide » de Voltaire en étant le meilleur exemple).

Dans la littérature moderne, il arrive que les noms soient absents, réduits à de simples initiales, ou encore remplacés par une dénomination générale, comme dans le recueil de Le Clézio : le voleur, le passeur, l'échappé…

Pour tous ces cas, dans le nom se trouvent déjà inscrits l'histoire et le destin du personnage. Et puisque ici, il s'agit plus de pré-noms que de noms, on peut en déduire que les personnages sont privés d'une véritable identité familiale et sociale… Le personnage de *Ô Voleur…* reste même totalement anonyme, sans nom ni prénom, d'abord par souci de vraisemblance pour ne pas être identifié par un lecteur potentiel de l'entretien, mais surtout parce que la perte de son travail est pour lui une perte totale d'identité.

Tous apparaissent bien comme les frères et sœurs, les cousins et cousines, des personnages de romans, réduits quant à eux à quelques initiales ou morceaux de nom : les Béa B. de *La Guerre* ; les J. H. H., Jeune Homme Hogan, du *Livre des Fuites*...

• Échec ?

Tous ces personnages se caractérisent par un projet. Mais si l'on compare leur projet initial et la situation finale à la fin de chaque texte, force est de constater que la plupart du temps il y a échec, recul, désillusion, emprisonnement et même mort. Même lorsque le projet se réalise, la fin semble pessimiste : certes Antoine rejoindra Anne, mais en se suicidant ! Plus que de héros, il faudrait donc parler d'anti-héros, comme dans de nombreuses œuvres contemporaines de la deuxième moitié du XXe siècle depuis le Meursault de *L'Étranger* de Camus, les personnages des œuvres de Becket ou du Nouveau Roman (où la notion de personnage disparaît ou reste très secondaire).

Ainsi Martine qui partait à la conquête de son identité et de sa liberté meurt sur le vélomoteur qui devait être le moyen d'accéder à une nouvelle vie : la *ronde* joyeuse devient une *ronde* infernale ! Liana, quant à elle, est libre après avoir fui Simon, mais elle est réduite au vol, à la solitude et à la misère et elle craint que quelque *Moloch* de la société moderne vienne lui prendre son enfant. Tayar, *l'échappé* qui voulait retrouver sa liberté et son enfance, est repris et sans doute reconduit en prison. Christine qui cherche son identité dans le labyrinthe de la cité de l'*Ariane* est violée par une bande de motards. Marie Doucet et Gérard Estève qui voulaient sauver la *Villa Aurore*, échouent devant les promoteurs immobiliers et la violence du monde moderne qui imposera expropriation et démolition. Certes Pouce et Poussy fuguent et connaissent un moment la *grande vie*, mais elles sont reprises et devront passer par la case « prison » où elles rêveront de nouvelles fugues. Miloz qui rêvait de « terre promise » en *passant* en

France pour y travailler, n'arrive pas à s'intégrer et *repasse* la frontière pour revenir à son point de départ. Annah qui venait se ressourcer dans son jardin secret sera prise et *Orlamonde* sera détruite. Enfin *David* qui veut retrouver son frère est obligé de voler et se retrouve en prison.

❑ Ailleurs

• Fuites

Tous ces personnages ou presque ont en commun de fuir une cassure familiale, sociale, sentimentale. Ils vivent une sorte d'exil et espèrent une nouvelle vie, une nouvelle union ou réunion, mais en vain comme on vient de le voir.

Paradoxalement Martine fuit le monde de l'adolescence tout en rejetant le monde des adultes, comme Christine qui fuit une situation familiale explosive. Tout comme Pouce et Poussy qui fuient le monde « macho » de l'atelier où elles travaillent pour connaître la *grande vie* en amazones, loin des hommes. Liana fuit Simon comme elle fuit tous les *Moloch* de la société, qu'ils soient policiers, médecins ou assistantes sociales…

Tayar fuit la prison et Mériem pour retrouver son pays et son enfance. Miloz fuit la misère de son pays… mais dans son exil, il connaîtra la nostalgie et fuira la France pour retrouver Léna et son pays. Le voleur fuit le chômage et la misère et en volant essaye de nourrir sa famille comme au temps où il travaillait. Quant à David il fuit le monde et l'argent pour retrouver son frère en prison !

Antoine fuit la réalité de la mort d'Anne qui le torture depuis un an : cette ascension le conduit lentement vers la mort. Annah fuit ce monde qui la rejette (père mort, mère malade) et cherche dans le jardin d'Orlamonde une fenêtre qui ouvrirait sur un nouveau monde « hors le monde ». Ces fuites multiples dont les tenants et aboutissants sont différents rappellent qu'il s'agit là d'un thème majeur et récurrent dans l'œuvre de Le Clézio. Des titres comme *Le Livre des Fuites* ou *Ailleurs*[3] en sont une preuve formelle. Cette fuite devant une cassure sociale, familiale, sentimentale est souvent matérialisée par un vide matériel, physique : la faim, la soif, la peur. Dans plusieurs nouvelles, ces champs lexicaux sont associés en un réseau serré qui renvoie toujours à ce vide quasi existentiel.

Ce vide qui existe au cœur même des personnages est à rapprocher du vide narratif, du silence sur lequel la narration s'établit : ainsi on ignore pourquoi Simon et Liana sont séparés, comme on ignore ce qui s'est passé entre Mériem et Tayar. Ce vide qui est au centre peut se matérialiser par la séparation dans des familles brisées, mais aussi par l'exil d'un bord de la Méditerranée à l'autre pour Tayar et Annah, d'un pays à la France pour le voleur et Miloz. Chacun essayant de combler ce vide, ce manque comme il le peut… La recherche d'un autre, d'un double est un moyen qui permet de continuer à vivre. Formant ainsi un « couple » au sens physique du terme où l'un entraîne l'autre pour avancer, pour tourner dans la ronde de la vie, comme Titi qui entraîne Martine, comme Anne qui attire Antoine dans son jeu de mort, comme Christelle entraîne Christèle vers la grande vie, comme le grand frère attire David jusqu'à sa perte… Ils fuient, mais la force centrifuge qui les éloigne du centre est parfois compensée par une force centripète… Poussés d'un côté, attirés de l'autre, ils sont entraînés dans une ronde qui d'abord joyeuse et enfantine devient vite tragique et infernale.

• Victimes

La plupart des personnages ont une autre caractéristique commune : celle d'être victimes tout en étant coupables de quelques délits ou trahisons : ainsi Martine est bien victime d'un accident… mais après avoir été auteur d'un vol à l'arraché. Tayar est bien repris après sa tentative d'évasion,

3. J.M.G. LE CLÉZIO, *Ailleurs*, Entretiens avec Jean-Louis Ezine, Arléa, 1995. (Titres reprenant les enregistrements faits en 1988 pour France Culture).

victime de la trahison d'un jeune garçon, mais on ignore la raison qui l'a conduit en prison. Pouce et Poussy se sentent victimes de l'exploitation dans le travail et du machisme de leur patron... mais dans leur fugue, elles se rendront coupables d'actes de grivèlerie. Miloz est victime des petits patrons qui exploitent les travailleurs immigrés... mais il se sent coupable d'avoir laissé Léna seule au pays et d'avoir trahi son idéal. Le voleur est bien victime de la situation sociale et du chômage... mais il vole chaque jour !

Quant aux personnages secondaires, on peut se demander si leur fonction ne peut pas se réduire à celle d'adjuvants ou d'opposants comme dans les contes, car ils sont souvent ceux qui trahissent et font échouer le projet, après l'avoir initié ou facilité un temps. Ainsi, Martine est trahie par Titi aux cheveux rouges, une sorte de diablesse qui l'entraîne dans une ronde infernale. Tayar est trahi par l'enfant qui lui apporte à manger et qui guidera les hommes en uniforme jusqu'à son repaire. Annah est trahie par Pierre. Et on peut se demander si Liana n'est pas trahie par Simon ou par l'assistante sociale, si Christine n'est pas trahie pas le barman du Milkbar, si Pouce et Poussy ne sont pas trahies par l'italien...

Tous les personnages qui gravitent autour du personnage central semblent être des ennemis. Ils sont souvent indifférenciés, anonymes. Ils forment une masse uniforme que le personnage cherche justement à fuir. Les autres, souvent désignés par le pronom personnel pluriel « ILS », sont les adultes de *La Ronde* et dans *David* (p. 254 et 270), sont les motards casqués qui poursuivent et violent Christine (p. 101), sont surtout ceux qui poursuivent Liana auquel le titre *Moloch* semble faire référence :

> Mais les autres, les hommes... Ils la cherchent chaque jour, les médecins, les policiers, les assistantes, les conducteurs d'ambulance. (p. 32)

et qu'on retrouve aussi dans *Villa Aurore* :

> Ils sont venus, ils reviendront (p. 129)...Ce sont eux [...] tous, l'architecte, l'entrepreneur, le maire et les adjoints... (p. 130)

Les personnages de ces nouvelles ne sont pas les simples acteurs et victimes de faits divers : ils subissent les événements sans véritablement agir de leur propre volonté. C'est sans doute la raison pour laquelle ils n'atteignent pas la dimension de certains héros de romans.

Ils sont des éléments de sens que l'on pourrait qualifier de « symboliques ». Ces êtres vraisemblables entre réalité et fiction, entre faits divers et mythes, deviennent bien des symboles qui permettent au lecteur de s'y référer quand il lira d'autres faits divers dans la presse pour mieux comprendre une situation et pour mieux appréhender la réalité.

Prolongements

1. ***Analysez l'ambiguïté du portrait de Christine brossé par Le Clézio dans la nouvelle* Ariane *(p. 93-94).***
   À la lumière de cette lecture, quel sens prend la scène finale (p. 105) ?

2. ***Relevez le champ lexical du vide associé à la peur, la faim ou la soif dans les quatre premières nouvelles du recueil :* La Ronde, Moloch, L'Échappé *et* Ariane*.***
   Notez le nombre d'occurrences pour chaque mot.

   Que peut-on en déduire sur le sens à donner à ce vide ? sur le style particulier de Le Clézio ?

3. ***Montrez en quoi les personnages de Le Clézio s'éloignent du fait divers journalistique pour acquérir une dimension littéraire.***

4. ***À partir des éléments donnés par Le Clézio, rédigez en quelques lignes le portrait de certains personnages secondaires : Titi dans* La Ronde*, Cathie dans* Ariane*, le garçon dans* L'Échappé*, Pierre dans* Orlamonde*... Puis procédez à la réécriture d'un des récits en adoptant le point de vue d'un de ces personnages : « la ronde » et Martine vues par Titi, Annah et son « sauvetage » vus par Pierre...***

IV. L'ÉTAT DES LIEUX

Le fait divers répond toujours aux questions essentielles : qui ? quand ? où ? comme tout constat ou compte rendu. Mais la précision des lieux a-t-elle la même importance dans un texte littéraire ? Apporte-t-elle un sens au texte ? ou plus exactement, le sens du texte change-t-il si le lieu ou le nom de lieu change ?

Puisqu'il s'agit de faits divers et de nouvelles, constatons d'abord que la référence à des lieux précis, réels, parfaitement identifiables est fréquente. Cet « effet de réel » renforce la vraisemblance du récit auprès du lecteur. Cet ancrage dans la géographie réelle est un point de départ pour amener le lecteur à d'autres réalités moins visibles. En l'occurrence, la ville de Nice et ses environs sont au cœur de l'espace géographique délimité par Le Clézio dans ce recueil, il s'étend à d'autres régions de la Méditerranée.

❑ L'espace géographique : la région niçoise

• D'un côté du réel... à l'autre côté

Dans *La Ronde*, le premier indice donné au lecteur situe le théâtre de l'action dans « la rue de la Liberté » (p. 11). Cette rue existe bien à Nice et se situe entre la rocade et une place ouvrant sur la cité de l'Ariane... mais son nom donne aussi au lecteur un indice de la quête de liberté de Martine. Lieu ouvert qui s'oppose à tout ce qu'elle fuit : lieux fermés, maisons, appartements, chambres où vivent les adultes « de l'autre côté des fenêtres » (p. 12) qui sont personnifiées et semblent autant d'yeux braqués sur Martine.

Dans *Moloch*, le mobile home de Liana se trouve sur un « terrain vague » entre le supermarché et « le fleuve sec » que l'on peut facilement identifier comme le Paillon. C'est sans doute le même supermarché, près du « rio sec », « de l'autre côté des falaises blanches des grands immeubles » (p. 259) qui sera le théâtre d'action de David.

Ce même espace verra se dérouler l'action d'*Ariane* : la cité de l'Ariane au nord de Nice, au bord du fleuve sec, entre le cimetière et l'usine de crémation.

Villa Aurore, quant à elle, évoque les villas des hauteurs de Nice avec ses jardins secrets qui semblent d'une autre époque. Tout comme *Orlamonde*, située sur la corniche face à la mer, évoque la villa qui appartenait à l'écrivain Maurice Maeterlinck.

Enfin, c'est la « route de l'Observatoire » que suit Antoine pour rejoindre Anne.

Dans les environs de Nice, on peut situer trois nouvelles : *La Grande Vie* où la Côte d'Azur et la riviera italienne sont reconnaissables ; *Le Passeur* où Miloz franchit clandestinement la Roïa qui matérialise la frontière franco-italienne en s'interrogeant « Qu'y a-t-il de l'autre côté ? » (p. 198), « de l'autre côté des montagnes » (p. 205) ; et *L'Échappé* qui oppose deux lieux : l'arrière-pays niçois où l'on reconnaît certains noms : Thiey, Audiberque, la vallée du Loup… (p. 72) où Tayar poursuit sa cavale et l'Algérie de son enfance, de l'autre côté de la Méditerranée, dans les Aurès, avec le Mont Chélia et Timgad (p. 67).

• Lieux doubles

Si tous ces lieux sont bien réels, situés principalement à Nice ou à sa périphérie, ils ont aussi la particularité d'être doubles par complémentarité ou opposition. Lieux divisés avec un côté et « l'autre côté », ce qui est une manière métaphorique de rappeler que les personnages sont divisés, coupés, exilés, qu'ils mènent parfois une double vie et qu'ils sont tiraillés entre deux lieux, deux temps, deux êtres, deux vies.

Ainsi la vie de Tayar se partage en deux temps, celui de l'enfance et celui d'aujourd'hui. Et aussi en deux lieux, l'Algérie et la Provence. Entre les deux, il y a l'exil et la Méditerranée comme une large cicatrice jamais refermée dans sa mémoire. Cette caractéristique est commune à de nombreux personnages de Le Clézio dans ses romans comme ses nouvelles, entre autres les femmes de *Printemps et autres saisons*. Cette situation peut se comparer à celle de Miloz qui a quitté son pays pour la France et avec quelques nuances, à celle du « voleur » qui a vécu son enfance au Portugal avant de s'installer en France.

Pour Annah, s'il y a la ville en bas, avec l'école et l'hôpital où sa mère se meurt, il y a surtout ce lieu magique, cette villa « Orlamonde » avec ses ruines, son vieux théâtre et sa fenêtre en ogive qui ouvre sur un autre monde « hors du monde », un autre côté qui symbolise peut-être une autre vie possible en rêve, à moins que ce ne soit la recherche d'une autre vie qu'elle ne pourra trouver que dans la mort.

La géographie intérieure d'Antoine est également matérialisée par une opposition entre la banalité et la routine de sa vie qui se déroule en bas dans la ville et les bons souvenirs qu'ils a connus avec Anne, en haut, sur la route de l'Observatoire. Après un an de tiraillements entre ces deux directions opposées, il choisira d'aller retrouver Anne. Quant à Pouce et Poussy, elles opposent bien la routine de la vie en région parisienne et du travail en usine aux charmes de la « grande vie » sur la Côte d'Azur française et la Riviera italienne.

La géographie des textes de Le Clézio s'organise donc autour d'oppositions spatiales qui sont autant d'oppositions sociales ou symboliques et qui font passer d'un espace réel, à un espace moins concret, plus intérieur.

• Entre ville et campagne : enfer ou éden ?

Entre la ville et la campagne, on trouve des espaces indéfinis, des no man's land qui sont des lieux d'exclusion : lieux où sont parqués Miloz et les autres travailleurs immigrés, « terrain vague » où est installé le mobile home de Liana. Lieux de misère, de solitude et de silence… parfois rompus par un aboiement de chien. On trouve aussi les grands espaces bitumés et bétonnés par les hommes pour leurs autoroutes et rocades et pour les parkings des grandes surfaces commerciales où sévit David. Lieux de mouvements et de bruits divers, ceux des camions, des voitures et motos que l'on retrouve dans *Ariane, Villa Aurore* ou *David.* Là, la nature semble condamnée, rongée, dévorée par les monstres modernes. Là s'installent la violence quotidienne et la peur. Cette peur qui assaille Liana, Christine ou Marie Doucet.

La ville décrite devient alors une sorte de « dédale », de labyrinthe, comme dans *Ariane* (p. 93) ou dans *David* (p. 257). Le monstre, Minautore ou Moloch, s'apprête à surgir à chaque coin de rue. Et les cercles de béton et de bitume qui l'entourent en font un véritable enfer.

À l'opposé, il reste encore quelques îlots de verdure : les jardins qui semblent des édens, des paradis naturels venus d'une autre époque. Car à l'opposition spatiale correspond une opposition temporelle où l'enfer est présent, et le paradis perdu appartient à un passé en voie de disparition. Là, une flore riche et diverse prodigue encore ses couleurs et ses parfums : acanthe, araucaria, cèdre, citronnier, cyprès, eucalyptus, laurier, olivier, oranger, palmier, pittospore, rhododendron (p. 111, 117, 121). Là une faune s'épanouit en toute liberté : les chats et les oiseaux (dont un « rossignol mystérieux qui chantait sa musique céleste » p. 113) règnent en maîtres des lieux. Dans le jardin de la Villa Aurore, Marie Doucet a su conserver (comme son nom le dit si bien) la douceur d'un monde qui ne connaît pas encore ni le mal, ni le péché, ni la violence…

S'il s'agit ici d'un jardin bien réel, il peut s'agir aussi d'un jardin secret, d'un jardin intérieur comme celui qu'Annah cultive en se rendant dans le théâtre d'Orlamonde, cette « thébaïde » abandonnée qui est le royaume des chats et des lézards (p. 243 et 244).

Cependant il faut se garder de tomber dans un manichéisme facile qui ferait de Le Clézio un gentil « écolo ».

❑ Dynamiques

• L'ascension de la montagne

Chez Le Clézio, rien n'est figé, rien n'est statique. L'espace peut être valorisé positivement ou négativement. On l'a vu avec l'opposition entre « là » et « de l'autre côté ». On peut le voir aussi avec l'opposition entre « en bas » et « en haut ». Le mouvement qui pousse ou qui tire de l'un vers l'autre est plus symbolique que social. On peut donc voir toute une imagerie de la « chute » : descente en enfer dans les caves du labyrinthe pour Christine violée, « entraînée au fond du puits » (p. 104), *re-descente* de Gérard Estève vers la ville « en bas », lieu de violence et de déchéance (p. 132) ou encore descente d'Annah, tous rêves perdus, dans les bras d'un sauveteur qui la ramène dans l'enfer quotidien du monde moderne.

Ce mouvement est évidemment à l'opposé de l'ascension quasi mystique qu'Annah effectue seule, comme un rituel, pour « voler au-dessus du monde » (p. 239) face au soleil qui « ouvre un chemin de feu sur lequel on glisse ». De l'ascension de Tayar (« celui qui vole » en arabe) qui escalade la « haute montagne » provençale « vers la route de lumière » en se rappelant son enfance où il gravissait le mont Chélia en compagnie de son oncle. De l'ascension de Miloz qui refait en sens inverse, un an après son passage, sa « marche vers la haute montagne »… « sous le soleil éblouissant » pour rentrer chez lui (p. 221). Ces ascensions sont à rapprocher de celle qu'effectue Jon dans *La Montagne du Dieu vivant* dans le recueil *Mondo et autres histoires*.

Dans les quatre cas, il s'agit de purification, d'une élévation physique et morale absolument vitale. Elle s'accompagne symboliquement d'un illumination solaire et dans deux cas, elle se termine par une sorte d'envol où le personnage semble quitter le monde terrestre pour s'envoler dans les airs (voir mythe d'Icare).

On passe ainsi d'une topologie réelle à une topique (schéma abstrait ou structure imaginaire de l'espace psychique) où l'espace s'oriente, s'aimante, s'anime de forces attractives ou répulsives qui font que les personnages sont attirés ou sont repoussés et fuient vers un autre monde. Si l'on prend l'image du cercle et de la ronde (comme le titre nous y invite), on voit donc que les personnages passent continuellement de la périphérie vers le centre (force centripète) et du centre vers la périphérie (force centrifuge).

• Le mouvement de la ronde

Parfois le personnage, après des mouvements opposés, se retrouve à son point de départ. Paradoxalement le mouvement devient immobilité. N'est-ce pas rue de la Liberté, au lieu même de départ de la « ronde » vers la liberté que Martine va être immobilisée par la mort ? N'est-ce pas, dans *Moloch*, l'ambiguïté du *mobile* home immobilisé à la périphérie de la ville, lieu de fuite devenu lieu de cachette, lieu de délivrance et de solitude aussi ? N'est-ce pas dans une « doline » où il rêve à sa liberté retrouvée que Tayar va être repris par les forces de l'ordre (p. 83) ?

La ronde, c'est celle des motards tournant autour de leur proie, avant de fixer Christine dans une cave de la cité HLM ; c'est celle des voitures et des camions autour de la Villa Aurore sur :

> le grand tournant qui enserre la vieille villa comme un anneau de serpent. (p. 132)

C'est enfin la ronde des saisons et l'anneau des jours en une année qui sépare la mort d'Anne et le suicide d'Antoine, et celle qui sépare le passage de Miloz et son retour au pays. Ainsi après un espoir de fuite, d'envol qui permettrait aux personnages d'échapper à leur malheur, on s'aperçoit qu'ils sont ramenés à un point fixe, parfois même à leur point de départ… comme si l'espace se refermait sur eux, qu'il rétrécissait. La perception de cette dynamique ne fait que renforcer la peur, l'angoisse des personnages. L'espace participe donc à l'atmosphère tragique de ces nouvelles et faits divers.

Prolongements

1. *En quoi la description du paysage qui ouvre la nouvelle* Ariane *annonce-t-elle déjà la suite tragique de l'histoire ? En quoi est-ce un lieu de mort, un lieu où la vie et la nature sont bafouées ?*
2. *Analyser la flore présente (noms d'arbres, plantes et fleurs) dans* Villa Aurore *et* Orlamonde, L'Échappé *et* Le Passeur. *Quelles déductions peut-on faire ?*
3. *Un roman de Le Clézio s'appelle* Désert *: dans plusieurs nouvelles, entre autres* L'Échappé, *l'image d'un tel lieu se superpose au lieu réel. Quel sens peut-on lui donner ?*
4. *« En haut », « en bas »... « ici », « de l'autre côté »... « la terre », « la mer », « le ciel »... ces antithèses spatiales structurent l'ensemble du recueil : trouvez-en d'autres. Justifiez-les.*

V. LA CONJUGAISON DES TEMPS

> L'écriture est la seule forme parfaite du temps.
> Il y avait un début, il y aura une fin. Il y avait un signe. Il y aura une signification.
>
> J.M.G. Le Clézio, *L'Extase Matérielle* (p. 104)

Situer le temps dans un texte littéraire peut se comprendre de plusieurs façons. Temps de la rédaction et de la publication, temps de l'action, temps de la narration. Temps différents qui peuvent cependant entretenir des relations.

Si le recueil *La Ronde* est publié en 1982, certaines nouvelles qui le composent ont été publiées préalablement dans la NRF en 1980 pour *La Ronde* et *Moloch*, en 1981 pour *L'Échappé* et en 1982 pour *Villa Aurore*.

Quant au temps de l'action à l'intérieur des différentes nouvelles, quelques indices permettent de le dater entre 1963 et 1980 : la seule date précisée est celle de l'incipit de *Moloch* : le 15 août 1963 (date qui marque aussi la naissance Le Clézio en littérature avec *Le Procès-Verbal*).

Les nouvelles sont donc situées dans un temps réel : la période contemporaine. Ce qui, comme pour la référence à des lieux précis, renforce l'effet de réel et la vraisemblance des événements relatés et renvoie aux faits divers.

Enfin le temps de la narration permet de déterminer une durée et/ou de conjuguer différents temps à l'intérieur du récit. Dans le cas de la nouvelle, ce temps est en général bref : ici, moins d'une heure pour le déroulement de *La Ronde*. Mais il peut se situer sur des périodes plus longues dans *La Grande Vie*, sur un an dans *Le Jeu d'Anne*, voire sur une vie dans *Voleur*, … Même si l'action se construit sur des durées variables, la plupart des nouvelles du recueil saisissent un instant, l'instant de crise où la vie bascule, l'instant où Gérard Estève comprend Marie Doucet, l'instant où Antoine se suicide, l'instant où Miloz décide de retourner dans son pays… Ce qui permet bien de les classer dans la catégorie des « nouvelles-instants » selon la terminologie de René Godenne[4] qui affirme que c'est justement « la pratique achevée de la nouvelle-instant qui fait de Le Clézio un des nouvellistes des plus inattendus de la deuxième moitié du XXe siècle » (p. 181)

❑ La ronde des temps

Quelques repères précis sont donnés pour situer l'action : *Moloch* se déroule sur un mois et demi entre le 15 Août et le 3 octobre 1963 ; *La Ronde* dure une heure entre treize et quatorze heures et *Ariane* se situe un lundi de Pâques… Les autres repères temporels sont avant tout naturels, en liaison avec les saisons : un jour en hiver pour *Orlamonde*, un jour en été pour *David*, le mois de Mars au début du printemps pour *La Grande Vie*.

« Ronde des saisons » qui annonce la thématique majeure du recueil suivant intitulé *Printemps et autres saisons*, et qui renvoie bien évidemment à la ronde de l'année comme une boucle ou un anneau qui se referme en fin de narration dans *Le Jeu d'Anne* et *Le Passeur*. Ronde des journées, ronde des heures et dans tous les cas, ronde du soleil qui semble la « règle » qui permet de mesurer le temps qui passe, comme dans *L'Échappé*.

Mais comme pour les personnages et les lieux vus précédemment, il convient de constater que les temps sont souvent doubles ou dédoublés. Que l'action oppose deux périodes, l'une passée, l'autre présente. Car les personnages se tournent plus volontiers vers le passé et leur enfance que vers l'avenir, au point même de le refuser chez Annah et David notamment. En cela, on pourrait parler d'un certain conservatisme pour ces personnages qui sont sans projet, sans avenir. Mais chez Le Clézio, les temps ne sont pas figés, ils se conjuguent (et pas seulement au sens grammatical) et s'opposent en un battement continuel.

---

4. In *Bibliographie critique de la nouvelle de langue française 1940-1986*, Droz, 1989.

❑ Le battement des temps

Dans ces nouvelles-instants où la vie bascule, il est fréquent que le passé vienne « battre » le présent et en changer le sens. Quatre nouvelles sont révélatrices de ce jeu des temps : *L'Échappé, Villa Aurore, Le Jeu d'Anne, Le Passeur.*

Dans *L'Échappé*, deux temps, deux lieux s'opposent, se superposent dans la conscience de Tayar : son présent de fuyard dans la montagne provençale et ses souvenirs d'enfance passée près du Mont Chélia en Algérie. La similitude des paysages aidant, il fait une analogie entre sa situation présente et ses souvenirs. Le battement entre les deux est annoncé dans le texte par la formule « comme autrefois » qui revient comme un leitmotiv (p. 58, 59, 69…).

Cela l'amène à une sorte de délire, à une confusion des temps, des personnes et des situations : ainsi l'enfant qui lui donne à manger est pour lui la projection de l'enfant qu'il était en Algérie (p. 77)… et la recherche des fugitifs près de Lambessa par les soldats français pendant la guerre d'Algérie annonce d'une certaine manière la reprise de Tayar par les forces de police (p. 64).

Dans *Villa Aurore*, ce sont trois temps qui battent en un même lieu. Le narrateur, Gérard Estève, raconte à l'imparfait ses souvenirs d'enfance dans ce lieu magique qu'est le jardin de la villa. Les indices temporels utilisés : « en ce temps-là » (p. 114), « à cette époque-là » (p. 109 et 110), « dans un autre temps » (p. 113) ou encore « depuis toujours » (p. 109) montrent que ce premier temps est un temps mythique. Le second temps, « ensuite », évoque la vie étudiante du narrateur qui se considère « séparé de l'enfance », « rejeté […] dans un autre monde » (p. 116), celui d'aujourd'hui qui a « effacé d'un seul coup tous mes souvenirs d'enfance ». Car « là où il y avait autrefois des jardins », s'élèvent aujourd'hui des « immeubles très blancs de dix, huit, douze étages » (p. 118) ! Le troisième temps, se situe « maintenant », « un an plus tard » (p. 125), au moment où Gérard Estève prend conscience du désastre et qu'il retourne à la Villa Aurore et rentre en contact avec Marie Doucet.

Ce battement des temps trouve son apogée en cet instant de conflit et de crise de conscience où Gérard Estève comprend qu'il est « dépossédé, exilé, trahi, ou peut-être seulement exclu » (p. 118) et qu'il est trop tard pour agir. Et c'est aussi le reflet de la tragédie du modernisme qui détruit le passé pour avancer. Car la Villa Aurore était le symbole d'un passé mythique où le temps semble arrêté, où les lieux ne changent pas, où l'on construit encore des temples en leur donnant des noms grecs, où la végétation semble immuable, où même les vieilles dames comme Marie Doucet semblent n'avoir pas d'âge. Mais ce temps est bien révolu !

Au-delà de cette opposition de temps, il existe aussi une opposition de conceptions sur le changement qui pourrait être l'aboutissement d'un processus naturel où la vie implique la mort, où la mort crée la vie, où les arbres et les animaux vivent et meurent naturellement ; mais qui ici est l'aboutissement d'un processus violent où l'homme détruit la nature pour construire un monde artificiel qui a un « goût de mort » (p. 118).

Dans *Le Jeu d'Anne*, à partir du moment où Antoine « monte dans la vieille Ford », deux temps distants exactement d'un an jour pour jour, se superposent dans sa conscience. Les souvenirs des instants de vie vécus avec Anne viennent battre les sensations présentes de cette montée sur la route de l'Observatoire. D'abord, ces deux temps sont parfaitement identifiables puisque le présent grammatical s'oppose à l'imparfait (ou plus-que-parfait). Mais rapidement le présent désigne indifféremment la montée d'Anne il y a un an et celle d'Antoine aujourd'hui (p. 147 et 148) et seule la couleur noire de la Ford permet de distinguer la voiture d'Antoine et de la voiture verte d'Anne. Cette fusion des temps amène là encore à une confusion totale qui pousse Antoine à s'identifier à Anne pour mieux communier avec elle, jusque dans la mort. Ici, le passé se fond avec le présent, la vie se confond avec la mort :

> Le jour a glissé vite vers l'autre côté [...] comme vers le passé, entraînant ceux qui vivent vers ceux qui sont morts. (p. 148)

Enfin dans *Le Passeur*, il y a aussi la même tentative d'abolir le temps qui passe. Puisque pendant une longue durée de travail et d'exploitation après le passage de la frontière où Miloz semble avoir perdu la notion de temps : « la vie est longue, lourde, elle pèse [...]. Depuis combien de temps sont-ils là ? » (p. 209 et 210). Il ne sait plus et ce n'est que lorsque le froid revient « qu'il compte qu'une année entière s'est écoulée » (p. 215). Ce soir là, en un instant de crise, il prend conscience que cela ne peut plus durer et il décide de repartir, de refaire le chemin en sens inverse, de remonter dans la montagne pour retourner chez lui : « il monte [...] comme s'il remontait vers le commencement du temps » (p. 221).

Dans tous les cas, le passé venant battre le présent, lui fait changer de sens... et donne un instant l'illusion que l'on peut remonter le temps à défaut de l'annuler totalement.

❑ Les temps de la narration

La façon dont les événements sont rapportés a donc bien une importance.

En premier, le rapport d'ordre entre le déroulement des événements et le déroulement de la narration : le cas le plus simple est celui d'un parallélisme parfait quand le temps de la narration reprend celui de l'histoire (réelle ou vraisemblable), alors le récit est chronologique et linéaire. Comme dans *La Ronde, La Grande Vie, Moloch...*

Mais il existe des cas où l'ordre est inversé. Pour Gérard Estève dans *La Villa Aurore* et pour Tayar dans *L'Échappé* qui revivent tous les deux des fragments de leur enfance. Pour Antoine qui se rappelle ses moments d'amour avec Anne disparue un an auparavant. Ce retour en arrière (connu sous l'appellation de « flash-back » au cinéma) est une « analepse » qui permet de mieux connaître le passé des personnages, leur psychologie et qui permet de mieux comprendre les événements présents.

L'inversion de l'ordre narratif habituel par anticipation, projection dans le futur, appelée « prolepse » est plus rare mais toujours très intéressante car elle annonce au lecteur ce qui suivra. Le Clézio l'utilise pour l'incipit dans *Le Jeu d'Anne :*

> Il monte dans la vieille Ford pour rejoindre Anne. (p. 137)

Phrase à la fois banale et ambiguë qui ne sera claire que douze pages plus tard lorsque le lecteur apprendra qu'Anne est morte dans un accident de voiture un an auparavant : alors on comprend qu'Antoine va se suicider au volant de sa voiture.

En second lieu, le rapport de durée dont les différents cas sont bien connus des amateurs de cinéma : pause, ralenti, scène, sommaire et ellipse… permet des variations de rythme.

Ainsi dans un récit long de 28 pages comme *Villa Aurore,* Le Clézio alterne les scènes (par exemple, la rencontre entre Gérard Estève et Marie Doucet –pages 127 à 129– où l'on trouve quelques bribes de dialogues qui renforcent l'authenticité et donnent le ton) avec les pauses et ralentis qui permettent de développer les réflexions des personnages (p. 131) et les ellipses et sommaires qui permettent de résumer ce qui s'est passé en un an (p. 125).

Repères

LES TEMPS DU RÉCIT

Le rapport de durée peut se caractériser par la comparaison entre la durée de l'histoire qui se mesure en heures, en jours, en années et la durée de la narration qui se mesure en lignes, en pages... Les variations entre les différentes vitesses créent le « rythme » de la narration que l'auteur choisit d'accélérer ou de ralentir selon les besoins, pour retenir l'attention du lecteur sans l'ennuyer.

On peut distinguer cinq vitesses :

– la « pause » (arrêt sur image ou point mort) où le temps de l'histoire est proche ou égal à zéro : l'auteur prolonge un instant, s'attarde à travers des descriptions, des portraits, des réflexions.

– le « ralenti » où le temps de narration est plus grand que le temps de l'histoire : l'auteur peut en profiter pour renforcer la tension dramatique.

– la « scène » est en quelque sorte la vitesse de croisière normale où temps de narration et temps de l'histoire coïncident parfaitement. L'histoire est calquée sur le temps réel et cette équivalence permet de renforcer sa vraisemblance. C'est le cas notamment des scènes de dialogues.

– le « sommaire » permet d'accélérer car le temps de narration est inférieur au temps de l'histoire : il s'agit en fait d'un résumé qui permet à l'auteur de dire l'essentiel sur un événement ou un personnage en peu de mots, en ne conservant que ce qui est utile à la compréhension et au déroulement de l'action.

– « l'ellipse » est une limite absolue puisque la narration passe sous silence une partie de l'histoire. Ces « sauts » narratifs ne se signalent dans le texte que par quelques indices temporels comme : « un an plus tard », « le lendemain »...

❑ Le temps de la lecture

Le souci de vraisemblance peut aller jusqu'à faire coïncider le temps de narration avec le temps de lecture. Ainsi le temps et certains événements rapportés semblent vécus en même temps par le personnage, le narrateur et le lecteur, ce qui implique une identification plus forte. C'est le cas de l'entretien accordé par le voleur où la distance entre personnage et lecteur semble abolie, ce qui nous rend le personnage plus sympathique, malgré ses pratiques plutôt répréhensibles.

Dans les autres cas, il y a distance entre les faits et le narrateur qui peut ainsi avoir un recul et juger les événements auxquels il assiste. Par quelques éléments de modalisation, le narrateur donne alors son jugement et influence indirectement le lecteur. Il faut remarquer que cette possibilité ne semble pas être utilisée par Le Clézio qui gomme tout ce qui pourrait donner l'impression qu'il y a un message à faire passer.

D'une certaine manière, Le Clézio rend compte des temps, comme des lieux et des personnages, avec une économie de moyens, de la manière la plus neutre possible de façon à ce que ce soit le lecteur lui-même qui mette de l'ordre dans les temps et qui donne une signification à l'histoire.

Prolongements

1. ***Repérez les indices temporels dans* La Grande vie. *Dégagez alors les rapports de durée et le rythme de la narration. Montrez enfin par quels procédés Le Clézio fait ressentir le bonheur de ces quelques jours de grande vie...***
2. ***Dans* Moloch *quel est le rapport de durée dans le passage (pages 45 à 50) où le chien Nick reste seul avec le bébé à l'intérieur du mobile home ?***
   Quel est l'effet produit ? Que peut-on déduire quant à la vraisemblance de la narration ?

VI. LES MYTHES

Dans l'œuvre de Le Clézio, la référence aux mythes est fréquente.

La biographie pourrait nous fournir une première explication. D'abord parce qu'il a vécu au milieu de tribus d'Indiens du Mexique qui vivent encore le mythe (sans référence au temps historique) : une série d'ouvrages non romanesques, traductions de textes indiens, essais… en témoigne : *Haï* (Skira, 1971), *Prophéties de Chilam Balam* (1976), *Relation de Michoacan* (1984), *Le Rêve Mexicain* (1988), *La Fête Chantée* (Le Promeneur, 1997)…

Ensuite, dans une série de romans, Le Clézio est parti à la recherche de ses origines, de ses mythes personnels, de ses mythes fondateurs, notamment dans *Le Chercheur d'or* (1985) et *La Quarantaine* (1995) où il retrace certains épisodes de la vie de son aïeul dans l'Océan Indien ou encore de manière plus autobiographique dans *Onitsha* (voir Parcours de lecture N° 638).

Enfin, la bibliographie vient confirmer l'importance des mythes pour Le Clézio. Car à plusieurs reprises, il a utilisé certains mythes existants en les revisitant, en les recréant, notamment dans *Mondo et autres histoires.* Toutefois il n'en fait pas une utilisation systématique comme Michel Tournier qui reprend et actualise quelques grands mythes littéraires comme celui de Robinson Crusoë dans *Vendredi ou les Limbes du Pacifique* et *Vendredi ou la Vie sauvage* ou encore des Rois Mages dans *Melchior, Gaspar et Balthazar.*

Pourtant à première vue, rien ne semble plus éloigné du mythe que la nouvelle qui fait référence au réel, surtout lorsqu'il s'agit de fait divers. Et si le fait divers se définit comme on l'a vu précédemment et comme l'a démontré Roland Barthes par son « immanence », il convient donc d'analyser comment Le Clézio « transcende » le réel à travers ses histoires.

Repères

MYTHE

La notion même de mythe est complexe à définir. Les dictionnaires offrent de nombreuses entrées sans toutefois épuiser les sens possibles. Pour résumer, on peut dire que le mythe est un récit fabuleux (très souvent d'origine populaire, avec de nombreuses versions orales) qui met en scène les forces de la nature, les grands problèmes de la condition humaine. On pense alors aux dieux grecs comme Zeus ou Poséïdon et aux héros comme Œdipe ou Sisyphe…

D'ailleurs « mythos » en grec désigne bien un récit imaginaire, fictif, par opposition au « logos » qui désigne une parole raisonnée, un discours réfléchi, un savoir : aussi le mythe explique-t-il à sa manière ce que les hommes et la science ne peuvent expliquer logiquement.

Enfin le mythe a une portée universelle car il se situe hors du temps et il implique une croyance qui doit déboucher sur des actions : ainsi le mythe peut-il avoir une fonction d'apprentissage et de morale en montrant ce qu'il faut faire ou ne pas faire.

Le mythe essaye donc de mettre de l'ordre et de donner un sens au monde, à la vie et à l'homme.

Il est à remarquer que l'utilisation moderne du mot « mythe » dérive de tous ces sens. Le cinéma, entre autres, tout au long du XXe siècle a été un grand pourvoyeur de mythes modernes : ne parle-t-on pas à propos de l'Amérique de « mythe de l'Ouest » et aussi du « mythe de Marilyn Monroe » ?

Dans *La Ronde* et dans *La Grande Vie*, Le Clézio renvoie à ces mythes du cinéma moderne.

Dans *La Ronde*, deux pistes sont possibles : d'abord avec la référence explicite ou implicite à certains mythes à l'intérieur de chaque nouvelle ; ensuite avec la composition d'une figure mythique plus générale, d'un mythe central qui organise le recueil dans son ensemble. Élaborée en filigrane à partir de détails dans chacun des textes, peu visible au premier abord, cette figure se révèle au fur et à mesure de la lecture comme l'image d'une mosaïque composée de multiples fragments colorés.

❑ La présence des mythes

Les sources les plus fréquentes dans ce recueil sont les mythologies fondatrices du monde méditerranéen, du monde grec et judéo-chrétien, avec la Bible d'une part (surtout l'Ancien Testament) et d'autre part les mythes grecs : Ariane, Icare… Chaque nouvelle fait référence explicitement ou implicitement à un mythe.

Dans *La Ronde*, la quête de liberté de Martine et Titi chevauchant leurs vélomoteurs à travers la ville renvoie au mythe de la conquête de l'Ouest créé par le cinéma :

> leurs silhouettes qui glissent comme les silhouettes des cavaliers dans les films de cow-boys. (p. 16)

Quant au camion bleu de déménagement qui sera la cause de l'accident, il renvoie au mythe du Minotaure puisqu'il est comparé à « un animal », et que « son capot happe le vélomoteur et l'écrase » (p. 24).

Pour *Moloch*, le titre même fait explicitement référence au mythe, alors qu'aucune allusion n'est faite dans le texte, et il désigne la divinité cananéenne dont parle la Bible. Son culte implique des sacrifices humains, notamment d'enfants, (souvenons-nous de *Salammbô* de G. Flaubert, voir Documents complémentaires) de ce point de vue, *Moloch* a des caractéristiques communes avec le Minotaure. Souvent représenté sous les traits d'un chien monstrueux, il symbolise aujourd'hui ce monstre tyrannique qu'est l'État. Dans le texte, le lecteur peut croire un instant que le bébé de Liana va être dévoré par Nick, le chien… mais il n'en est rien. La référence, plus symbolique, renvoie à tous ceux qui représentent l'État aux yeux de Liana, et qui sont désignés par « ils » : « les motards, les médecins, les policiers, les assistantes » (p. 32).

Dans *L'Échappé*, Tayar est à la fois « celui qui vole » et « celui qui marche vers la lumière », il vit une véritable « passion » physique et mystique et il accomplit une « ascension » de la montagne. Ce qui renvoie à la figure du Christ (d'ailleurs Tayar n'est-il pas trahi par un enfant-judas ?) et à Moloch : n'est-il pas repris par les forces de police et « un grand chien »… dans la Vallée du Loup ?

Dans *Ariane*, le titre désigne d'abord comme on l'a vu la cité de l'Ariane à Nice, mais évoque aussi Ariane et Phèdre dans Racine avec celle qui déroulera son fameux fil pour sortir du labyrinthe construit par Dédale. En l'occurrence, Nice tout entière est devenue un « dédale » (p. 93) et Christine violée est victime du Minotaure après une longue descente dans les enfers urbains, autant que du motard « au blouson d'aviateur » (p. 103), sorte d'Icare, qui au lieu de la sauver vient l'enfoncer encore plus dans l'enfer de la ville et de la vie.

Dans *Villa Aurore*, le jardin donne bien l'impression d'un âge d'or, « du paradis perdu », le nom même renvoie au mythe grec de l'aurore et le temple à Ouranos, Dieu du Ciel, représenté par un taureau dans les religions indo-méditerranéennes. Quant à la rocade qui enserre la villa, elle devient un « anneau de serpent », l'Ouroboros qui symbolise l'union de la Terre et du Ciel.

Dans *Le Jeu d'Anne*, Anne est aussi proche d'Ariane par le nom que par la fonction puisqu'à défaut de fil, « Elle trace ses signes sur les routes, des flèches, des chiffres… » (p. 149) pour guider Antoine hors du labyrinthe. Antoine, quant à lui, cherche à voler comme Icare puisque sa voiture « reste suspendue en l'air » et qu'il « voit la côte […] pareille à une île […] sous l'aile d'un avion » (p. 148).

Le mythe moderne de « la grande vie » que vivent les stars sur la Côte d'Azur est bien le modèle projeté par le cinéma auquel Pouce et Poussy cherchent à s'identifier (p. 157 et 158). Mais la chute du texte permet aussi d'identifier les deux fugueuses aux « amazones » (p. 191) du mythe qui fuient alors le monde des hommes, des patrons, des dragueurs italiens ou français qui semblent les poursuivre.

Deux thèmes de la mythologie biblique sont développés dans *Le Passeur*. D'abord, la situation initiale décrit un monde où les peuples sont dispersés « De toutes nationalités, Grec, Turc, Égyptien... » et parlent « toutes sortes de langues » (p. 195) : c'est le résultat d'une punition divine imposée aux hommes qui ont voulu construire la tour de Babel ! Miloz ne réussira à vaincre cette malédiction que le jour où « il sent qu'il y a communication avec l'autre homme » (p. 207). Ensuite tous ces hommes différents font la même quête, le même rêve d'une « terre promise » (p. 208) mais ils comprennent un peu tard que la France n'est pas cette terre promise, que toutes les valeurs y sont perverties, puisqu'ils y sont prisonniers, esclaves avec un Moloch, un « chien-loup » pour les garder (p. 213). Enfin c'est le constat que la terre promise est un « paradis perdu » : il faudra fuir la ville avec ses « lumières artificielles » et ses « amazones » pour faire un retour à la terre natale, à l'origine pour retrouver Léna et les vraies valeurs. S'il n'y a pas de trace de mythe biblique ou grec dans *Ô Voleur...*, il faut bien constater que la petite chanson portugaise qui sert de chute au texte en tient lieu et que le mythe est en marche puisque le personnage croit que la fatalité pèse sur lui et que sa destinée est inscrite dans la chansonnette.

Orlamonde est un lieu mythique, une « *thébaïde* » (p. 243), un jardin secret, mais aussi un lieu de retraite solitaire, bien réel, que l'écrivain belge Maurice Maeterlinck (1862- mort à Nice en 1949) avait fait construire. Son théâtre devient symbolique pour Annah, elle s'y ressource face à la mer et au soleil couchant « comme si elle ne devait jamais mourir » (p. 246), et ressuscite comme le soleil, le Christ et le Phénix, l'oiseau de feu, de lumière et de liberté qui renaît sans cesse de ses cendres. Enfin l'histoire de David s'inscrit dans son nom même. Sa mère lui a raconté

> celle du jeune berger qui avait tué un géant d'une seule pierre ronde lancée avec sa fronde. (p. 261)

C'est David contre Goliath et David se sent investi d'une mission, celle de faire « la guerre aux géants » (p. 277), ces grandes surfaces commerciales, symboles de la société de consommation et de la modernité, déjà évoqués par Le Clézio dans son roman *Les Géants*. Ses moyens sont limités puisqu'en dehors de la pierre qu'il serre dans son poing, il ne rêve que de voler, comme Icare, comme les anges, comme les nuages (p. 253). Son désir de voler dans les airs se réduira à un vol, très terre à terre, dans les caisses d'une grande surface. Ce sera la chute de David, des anges et d'Icare !

❑ De Moloch à Icare

• Méditerranée entre mythes chrétiens et grecs

Au-delà de toutes ces références isolées dans chaque texte, il convient de remarquer qu'elles se combinent, se conjuguent et s'organisent en un mythe personnel à Le Clézio ou au moins particulier à ce recueil.

Élaboré à partir de symboles empruntés indifféremment à la tradition biblique et la tradition grecque, le mythe apparaît alors comme le théâtre des luttes intérieures et extérieures à l'individu et à l'humanité. Le mythe condense en une histoire imagée toute une représentation du monde, toute une conception de la société et de la condition humaine. Essayons de brosser le décor, de faire le portrait des acteurs et de résumer les actions de ce grand théâtre.

Le lieu mythique par excellence du monde moderne, c'est la ville – déjà présente dans les romans de Le Clézio : *La Guerre* (1970), *Les Géants* (1973) – souvent assimilée ici à

Repères

DEUX FIGURES SYMBOLIQUES

Moloch (*Dictionnaire des symboles*, J. Chevalier et A. Gheerbrant, Seghers, 1969).

Livrer ses enfants à Moloch, c'était les brûler en sacrifice au dieu cananéen. [...]
On a parfois rapprocher ce culte cruel du mythe du Minotaure qui dévorait périodiquement sa ration de jeunes gens ; du mythe de Cronos qui avalait ses propres enfants ; des sacrifiés aux dieux incas.
Dans les temps modernes, Moloch est devenu le symbole de l'État tyrannique et dévorateur.

Icare (*idem*)

Fils de Dédale et d'une esclave, il meurt des inventions de son père pour ne pas avoir tenu compte des avertissements paternels.
Emprisonné dans le labyrinthe avec son père qui avait aidé Ariane et Thésée à tuer le Minotaure, il réussit à s'évader de sa prison avec l'aide de Pasiphaé et grâce aux ailes que Dédale lui a faites et qu'il a fixées avec de la cire sur ses épaules : il s'envole au-dessus de la mer. Mais malgré tous les conseils de prudence, il s'élève de plus en plus haut, de plus en plus près du soleil : la cire fond et Icare tombe dans la mer.

Les auteurs chrétiens des premiers siècles ont vu dans la mésaventure d'Icare l'image de l'âme qui prétend s'élever vers les cieux sur les ailes d'un faux amour, alors que, seules, les ailes de l'amour divin pourraient favoriser son ascension.

un labyrinthe, avec ses dédales de rues identiques (dans *Ariane*), avec ses bâtiments et ses tours, avec ses grands magasins (dans *David*), avec ses lieux souterrains, avec ses autoroutes (dans *Moloch, Villa Aurore*)… enfin partout où le béton et le bitume envahissent la terre, repoussent la nature et détruisent l'harmonie qui peut exister entre l'homme et la nature, comme dans les jardins (ceux d'*Orlamonde* et de *Villa Aurore*).

Face à ce monde angoissant, les hommes et les femmes ont la nostalgie d'un temps passé, celui de l'enfance et des origines (dans *L'Échappé, Villa Aurore*) et la nostalgie d'un autre monde, d'un « autre côté » d'un « paradis perdu » ou d'une « terre promise » (dans *Le Passeur*).

Alors la seule solution semble être la fuite pour échapper à la violence, à la fatalité avant d'être la proie, la victime sacrificielle offerte au dieu Moloch.

La référence au monstre dévorateur, Moloch ou le Minotaure, se trouve dans pratiquement tous les textes du recueil sous une forme ou une autre, que ce soit le camion bleu qui surgit comme un taureau dans l'arène à la fin de *La Ronde* ou que ce soit le « grand chien » présent auprès de Liana, Tayar et Miloz, que ce soit les policiers, les motards, les promoteurs, enfin tous ceux qui sont désignés par « ils ».

• Icare entre terre promise et paradis perdu…

Face à ce monstre, se dresse une autre figure mythique : celle d'Icare[5], celui qui justement essaie d'échapper au Minotaure et au labyrinthe en prenant la voie des airs. Il s'incarne dans Tayar qui rêve de voler jusqu'à l'Algérie de son enfance, dans Antoine qui rêve de voler vers Anne, dans David qui rêve de voler pour rejoindre son frère Édouard. Mais ce rêve d'évasion avec Icare ou les aviateurs, ce rêve d'ascension vers un monde spirituel avec les anges et le

5. Signalons au passage qu'une étude sur les premiers romans de Le Clézio dégageait déjà cette figure d'Icare dans *Icare ou l'Évasion impossible* de Jennifer Waelti-Walters, Naaman de Sherbrooke, 1981.

Christ, ce rêve d'envol vers un monde meilleur se réduit la plupart du temps au vol à l'arraché de petits voleurs. C'est la chute d'Icare ! Le mythe chute à nouveau dans le fait divers !

Avec cette mise en scène symbolique de la conception de la réalité et du monde moderne, Le Clézio semble donc proposer une vision assez pessimiste. Dans le mythe d'inspiration chrétienne, Babel est suivi de la punition de Dieu, le paradis est un « paradis perdu », le Christ doit souffrir sa « passion ». Remarquons une différence fondamentale : ici on ne sait rien de la faute originelle des personnages (ni pour Liana, ni pour Tayar...). Et si faute il y a, il semble bien qu'elle soit collective et que le personnage soit une victime. La seule voie possible semble alors « l'ascension », l'envol vers un monde plus spirituel... Le mythe chrétien étant alors doublé par le mythe grec d'Icare !

Vision pessimiste puisque les personnages en sont réduits à préférer vivre un peu de liberté et à le payer par une mort ou un emprisonnement certain plutôt que de continuer à vivre comme ils le font : Christine connaîtra une heure de liberté avant son accident, Tayar vivra deux jours de liberté, Pouce et Poussy quelques jours, tout comme David avant de se faire reprendre et d'aller en prison, mais selon Édouard « il valait mieux mourir en prison que de continuer à vivre là... » (p. 262).

Le mythe permet donc à Le Clézio d'éclairer la réalité actuelle et de lui donner un sens universel, intemporel. Le mythe permet de transcender le réel, de dépasser le fait divers immanent et l'histoire particulière d'un individu qui n'a sans doute aucun sens. Ce faisant, Le Clézio, indirectement, sans s'engager, sans moraliser, transmet à son lecteur non pas un message personnel, mais un message universel.

❑ Le théâtre du monde

Le double mythe de Moloch et d'Icare organise donc l'espace scénique et traduit en termes de dramaturgie une certaine vision du monde de Le Clézio. En effet, l'action qui se déroule et les personnages qui s'agitent semblent toujours attirés par deux espaces opposés : d'une part, les images d'écrasements, de lourdeurs terrestres, d'anéantissements dans les entrailles de la terre ou de la mer, enfin dans les bas-fonds ou les dessous de la scène ; d'autre part, les images d'ascensions, d'élévations et d'envolées fulgurantes vers le ciel ou des cintres paradisiaques. Cette opposition entre symboles « catamorphes » et symboles ascensionnels selon l'appellation de Gilbert Durand[6] est un autre moyen de montrer le dédoublement des personnages, leur déchirement, leur écartèlement et la tension dramatique qui génère les conflits.

Prolongements

1. *Repérez dans* **La Grande Vie, Orlamonde, David,** *les passages où les oiseaux sont décrits : mouettes, pigeons... Peuvent-ils se justifier par un souci de réalisme ? Par la recherche de métaphores ? Par la volonté de symbolisme ? En quoi peut-on les rapprocher de la figure mythique d'Icare ?*
2. *Dans* **Le vol de l'ange** *(voir Documents complémentaires), Tahar Ben Jelloun montre les différentes versions d'un fait divers transformé en mythe.*

   Le symbolisme de l'ange peut-il être rapproché de la figure mythique d'Icare ?

   N'y a-t-il pas d'autres points communs avec les nouvelles du recueil de Le Clézio ?
3. *Trouvez des arguments et des exemples concernant ces deux énoncés opposés :*
   « Le mythe est réactualisé dans les faits divers »
   « Le fait divers n'a de sens qu'à la lumière du mythe »
4. *Dégagez les caractéristiques du Moloch que Flaubert décrit dans le passage de* **Salammbô** *(voir Documents complémentaires).*

   Comparez avec le Moloch évoqué par Le Clézio. En quoi l'utilisation du même mythe relève-t-il de deux objectifs différents ? De deux esthétiques différentes ?

---

6. G. DURAND, *Les structures anthropologiques de l'imaginaire,* Bordas, 1969.

VII. LE LANGAGE DES SENSATIONS

Pour un écrivain, le recours aux sensations dans certains passages descriptifs est un moyen de rendre plus vivantes, plus vraisemblables les informations données au lecteur. C'est aussi le moyen de faire passer de la description de paysages extérieurs à la description de paysages intérieurs, ou plutôt de passer des sensations aux sentiments, révélant ainsi de manière métaphorique la psychologie des personnages. Constatons que ces passages sont nombreux chez Le Clézio et présents dans la majorité des textes de *La Ronde*. D'abord parce que cela correspond sans doute à sa conception de l'homme et du monde et des relations entre les deux. Ensuite parce qu'il fait passer les sensations avant les idées : en cela, il est plus sensualiste qu'intellectualiste. Pour l'écrivain, sentir, voir, entendre, toucher, goûter sont les premiers moyens d'existence et de connaissance, moyens de communication avec les autres, avec l'environnement, donc de vie. Les sens donnent le sens !

❑ Des sensations au sentiment

Le corps est le champ de bataille des sensations. C'est à partir des sensations visuelles, auditives, olfactives, tactiles et gustatives que l'on peut mesurer le retentissement intérieur des agressions extérieures sur un personnage ou à l'inverse l'influence exercée sur les autres ou l'environnement naturel ou social. Ainsi dès les premières pages de *La Ronde*, le champ lexical du corps (cœur, tête, jambes molles, cage thoracique, mains) est associé d'abord à des sensations auditives : le cœur fait « boum, boum, boum » (p. 12), à des sensations tactiles : « les jambes molles », les mains moites avec la sueur qui « mouille ses paumes » (p. 14), puis à des sensations de froid, de vide… Le vide intérieur se révèle le reflet parfait du vide extérieur, celui des rues :

> Un vide intense, angoissant, strident à l'intérieur des oreilles, un vide qui suspendait une menace en haut des immeubles de sept étages... (p. 14)

Un instant, ce vide peut avoir une valorisation positive en évoquant la liberté recherchée mais il implique finalement un sentiment dominant de peur et d'angoisse. Au moment de l'action et de la ronde à vélomoteur, il semble y avoir une harmonie entre le corps et l'environnement, harmonie entre Titi et Martine quand :

> le cœur ne bat plus la chamade. Il est calme, au contraire, et les jambes ne sont plus faibles, les mains ne sont plus moites... (p. 23)

Après le vol du sac à main, on retrouve les sensations :

> le vent chaud qui souffle, le cœur qui bondit dans la cage thoracique et dans la main de Martine, ... il y a la sueur. Le vide, surtout... (p. 23)

Enfin il y a le vide :

> intense, insoutenable qui l'envahit lentement tandis que le sang coule en méandres noirs de ses jambes broyées... (p. 24)

La nouvelle s'arrête là puisque le corps est devenu un objet, puisqu'il n'y a plus de sensations, puisqu'il n'y a plus de sens possible. Ce qui se dégage des battements de cœur, des sensations physiques de froid et de vide, c'est le sentiment de peur et indirectement la présence de la mort inscrite dans le corps même de Martine dès les premières lignes.

D'autres associations entre sensations et sentiments seraient possibles. Ainsi dans des textes comme *Moloch*, *Ariane*, *L'Échappé*, *David*... les sensations physiques de froid, de faim, de soif sont associées au sentiment de solitude. À travers ces sensations, c'est le corps qui souffre, qui est mis à l'épreuve avant même que l'esprit le soit à son tour. Car ce que subit Martine, c'est bien une « épreuve » (p. 14) : quand il s'agit de faire « ça » (p. 13), l'ambiguïté entre l'épreuve physique ou morale persiste. S'agit-il de prouesses ou d'exploits sur le vélomoteur ? S'agit-il de faire l'amour ? S'agit-il de transgresser une règle sociale et morale ? Le poids de la grossesse et du passé qui pèse sur Liana jusqu'à l'accouchement est aussi une épreuve, tout comme le viol subi par Christine. Épreuve aussi le parcours que s'impose Antoine pour rejoindre Anne, tout comme celui de David pour rejoindre son frère. Enfin, Tayar n'arrive à retrouver sa liberté de corps et à retrouver sa sérénité qu'au prix d'un effort physique intense.

• L'hyperesthésie

Chez Le Clézio, il est rare de voir dans un passage descriptif la présence d'un seul sens. Très souvent les sens sont associés. Mais au-delà de la simple correspondance des sens (chère aux symbolistes et à Baudelaire), on assiste pour les personnages lecléziens à une fusion de plusieurs sens. Cette hyperesthésie (sensibilité exagérée, quasi maladive et parfois douloureuse) les mène à une sorte d'*extase matérielle* pour reprendre le titre d'un essai datant de 1967 et évoquer les expériences vécues par les personnages du recueil intitulé *La Fièvre*, où la perception du monde bascule à la suite d'une perturbation de sensations due à la fièvre, la douleur ou une rage de dents....

De nombreux exemples montreraient la primauté de la vue comme sens dominant. On pourrait en donner pour preuve l'importance que Le Clézio lui accorde, car : « Le regard est signe essentiel de la vie » (*L'Extase Matérielle,* p. 246) et le fait que de nombreux champs lexicaux lient la vue, le soleil, la lumière et les couleurs. Ainsi dans la scène finale de *L'Échappé :*

> le soleil brûle et éblouit, mais Tayar voit enfin ce qu'il cherchait, l'immense vallée [...] là où chaque caillou, chaque plante, chaque buisson d'épines brille d'un éclat qui n'existe nulle part ailleurs, car la lumière vient d'eux et non du ciel. (p. 84)

Hyperesthésie paradoxale, ressentie par Tayar comme une douleur qui peut s'expliquer par la chaleur, par la fatigue, la faim et la soif, mais aussi ressentie comme une libération qui permet de quitter le monde matériel, de « glisser sur la route étincelante » jusqu'à « l'autre bout du monde ».

Paradoxale aussi car Tayar :

> ne voit plus le soleil qui descend vers les montagnes... (p. 84), il ne voit pas les hommes qui avancent sur le chemin... (p. 85). Pourtant, ses yeux sont ouverts et la sclérotique brille dans la lumière. (p. 84)

Paradoxale encore puisque la scène se termine ici par une absence totale de sensations, une véritable anesthésie. Paradoxale enfin car ce phénomène physique de la dilatation de la pupille décrit ici avec précision et appelé par les spécialistes « mydriase » est une caractéristique commune à l'état de certains drogués et à l'extase de certains mystiques. Et ce n'est certainement pas un hasard si Le Clézio a intitulé l'un de ses essais *Mydriase* (Fata Morgana, 1973).

Les caractéristiques dégagées ici se retrouvent dans d'autres textes où les personnages échappent au monde matériel. En harmonie totale avec la nature environnante, ils connaissent une sorte d'illumination avant l'ascension (ou l'ascèse). Dans *Le Jeu d'Anne*, « la lumière fait une ouverture immense », puis la voiture « reste suspendue en l'air, planant, brûlée de reflets, avec le ciel droit devant elle et grand ouvert » (p. 149) ; dans *Orlamonde*, « le soleil [...] ouvre le chemin de feu sur lequel on glisse, on s'en va. » et Annah pourra s'échapper (p. 245).

• Correspondances

Mais un procédé apparaît encore plus fréquent : la présence de plusieurs sensations (synesthésie) qui se succèdent, qui correspondent entre elles et qui vont même jusqu'à fusionner. L'exemple le plus étonnant se situe dans *Moloch* au moment où Liana sort et laisse dans le mobile home son bébé et le chien Nick. Cette scène, qui s'étend sur plus de six pages (p. 45-52), n'est pas sans poser un problème de vraisemblance narrative puisque le chien est le seul « personnage » témoin... sauf si l'on fait référence à une sorte de réalisme fantastique ! Cependant la personnification du chien Nick s'impose à travers une description précise des sensations et des impressions ressenties par lui. Il y a d'abord son regard fixe quand il « surveille intensément de ses yeux jaunes » (p. 47). Puis il y a l'odeur, « Elle l'alerte, elle entre en lui, elle fait redresser ses oreilles et ouvrir très grand ses yeux » (p. 47), cette odeur « fade et douce, de lait, d'urine et de sueur » (p. 49). Viennent alors les bruits « mêlés à la lumière, à la chaleur, à la solitude » (p. 48) comme une agression supplémentaire. Et la faim, une faim que « rien ne peut assouvir » (p. 50), une douleur « comme la douleur de son regard fixe, de son ouïe fixe » (p. 50).

Chaque sensation est liée aux autres. Le lecteur se demande alors si le chien dont les sensations sont si vives et dont « chaque nerf de son corps est tendu à se rompre. » (p. 47)... ne va pas dévorer le bébé. Ces associations constantes donnent à ce passage vie et vraisemblance et aussi une grande tension dramatique.

Elles se retrouvent dans *Le Jeu d'Anne*, où Antoine évoque Anne à travers des souvenirs très sensuels. Si la vue est le premier sens convoqué pour se remémorer le décor : « le soleil », « la pluie d'étincelles », les « éclats de lumière », l'odorat est certainement le plus fort, le plus précis pour faire revivre Anne : « l'odeur d'Anne qui flotte, partout », « l'odeur douce et forte, l'odeur des cheveux d'Anne, l'odeur de son corps ». Le goût permettra de retrouver le plaisir d'un repas pris ensemble : « des concombres et du maïs », « du vin rosé », « la cigarette »,... Enfin le toucher quand il « sent les épines des buissons qui griffent son pantalon » et quand les corps roulent ensemble pour « Caresser le corps chaud, arreter la voix avec la bouche, boire le rire au fond de la gorge » (p. 140-143).

Ces mêmes sensations resurgiront dans la scène finale juste avant que la voiture plonge dans le ravin : « il sent son cœur battre dans sa paume, il sent le goût de ses lèvres, l'odeur obsédante de ses cheveux, odeur d'herbe, odeur de chair » (p. 148). Alors on comprend que les sensations sont bien un moyen de communication, et peut-être même de communion, entre deux êtres, entre deux corps.

Les sensations sont donc bien des éléments de sens, des signes pour Le Clézio, qui permettent de lire sur les corps ce qui passe de l'intérieur vers l'extérieur (ou vice versa) entre les personnages, entre les hommes et l'environnement. Il s'agit alors de toucher le lecteur directement dans son affectivité et non dans sa capacité de réflexion à travers des idées, sans messages idéologiques ni démonstrations intellectuelles.

❑ Un autre langage

Ce parti pris aboutit à quelques paradoxes puisque la communication entre personnages semble s'annuler lorsqu'il y a trop de bruits qui la parasitent. Ainsi le vacarme des voitures dans les villes, les cris, les aboiements des chiens… sont ressentis comme des agressions et annulent toutes les possibilités de bien se comprendre. Certains sons n'ont plus de sens : Martine ne perçoit que :

> le glouglou des postes de télévision qui parlent tout seuls... (p. 16)

Christine ne parle plus avec son père :

> avec le bruit du poste de télévision, avec les cris des voisins, avec les bruits de vaisselle, les bruits qui résonnent dans les escaliers... (p. 94)

Cette profusion de sons tue le sens et c'est une malédiction du monde moderne comparable à celle du mythe de Babel où la profusion des langues fut un moyen de séparer les peuples. *ws*'ouvre sur une scène où :

> les hommes ne parlent pas. Comment le pourraient-ils ? Chacun parle sa langue... (p. 197)

et où les hommes ne se comprennent pas. Dans un premier temps, le seul langage compréhensible et efficace est celui de ceux qui donnent des ordres : « Marche ! marche ! » (p. 201), « lève-toi ! » (p. 205). Mais dans un second temps, ces hommes apprennent, en vivant ensemble, à se connaître, à se comprendre, à échanger leurs sensations et paradoxalement à communiquer dans le silence. Ainsi au moment où Miloz a décidé de s'enfuir.

> Il n'en a pas parlé aux autres, mais sans qu'il sache comment, les hommes ont compris (p. 216).

Lors de leur « ronde » à vélomoteur, Martine et Titi éprouvent les mêmes sensations et communiquent sans avoir besoin de parler. De même, Pousse et Poucy se comprennent et vivent au quotidien dans une harmonie parfaite, comme deux vraies jumelles, sans rien dire ou presque.

Cette absence de communication par les moyens de langages habituels au profit d'un langage silencieux, déjà présent dans les ouvrages précédents, est bien une caractéristique, une originalité de Le Clézio. Car si, en littérature, les romantiques avaient déjà été sensibles aux sensations et les ont exaltées, si les symbolistes -dont Baudelaire- ont essayé de mettre en évidence les réseaux de « correspondances » qui existent entre elles, Le Clézio semble plutôt exprimer là une véritable philosophie personnelle (même si certaines critiques ont cru reconnaître des influences philosophiques d'autres civilisations, asiatiques ou indiennes). Car pour lui, écrire c'est essayer de trouver le langage le plus naturel, le plus direct pour appréhender les rapports entre l'homme et le monde, entre l'homme et les autres hommes. Langage lié au corps et aux sensations. Langage physique, sensuel, charnel.

Prolongements

***1.** Trouvez d'autres passages du recueil où paradoxalement les bruits brouillent la communication entre les personnages.*
Quelles sensations sont alors présentes ?

***2.** Trouvez des passages où les silences sont vides de sens et d'autres où ils sont chargés de signification ? Qu'en déduisez-vous ?*

VIII. L'UNITÉ DE LA RONDE

Ce livre n'est pas un recueil, mais un ensemble de nouvelles. Chacune d'elles a été conçue par rapport à cet ensemble [...] par la reprise de certains thèmes ou de certaines situations, qui changent d'éclairage et presque de sens, par l'opposition et l'accord de techniques, des accents, des ombres et des lumières.

Marcel Arland *Le Grand Pardon*, Gallimard, 1965.

Face à un recueil, deux stratégies de lecture se présentent au lecteur, puisque chaque nouvelle peut être lue de manière isolée ou peut être rattachée à l'ensemble. Quel lien chaque élément entretient-il avec l'ensemble ?

❑ Le recueil

• Diversité ou unité ?

Dans un recueil, la présence ou l'absence de liens entre les nouvelles permet de différencier différents types de recueils. René Godenne, dans *Bibliographie critique de la Nouvelle de Langue Française* (1945-1985), (Droz, 1989), a créé une typologie qui permet de classer les principales utilisations. Il parle de « recueils-réunion de textes épars », de « recueils thématiques » et de « recueils-ensemble ».

Le premier type repose sur le principe de diversité qui préside à la composition et à l'organisation du recueil.

Le deuxième propose comme principe une recherche d'unité de thèmes qui permet de lier les textes entre eux, de créer des harmonies : ce qui implique pour l'auteur une sorte de composition musicale et un ordre où les textes entrent en relation entre eux, se répondent et résonnent en écho. Dès lors, pour le lecteur, un texte peut « déteindre » sur un autre.

Le troisième recherche une unité dans la forme même, au niveau du temps, du lieu, de l'action ou des personnages.

L'auteur s'efforce ainsi, en maintenant un lien et une continuité entre deux textes, d'éviter la dispersion pour mieux capter et retenir l'esprit du lecteur. Cette conception rapproche le recueil de la composition du roman où chaque chapitre serait une nouvelle : d'ailleurs certains proposent alors une nouvelle appellation, comme « le roman-par-nouvelles » de Jean-Noël Blanc.

Unité ou diversité ? Tel est l'enjeu d'un recueil. En ce qui concerne Le Clézio, la recherche d'une grande unité a toujours été une caractéristique majeure de ses recueils. Pour *La Ronde*, on perçoit une grande unité de temps (les années 70-80) et de lieux (la Méditerranée) ; de plus les personnages et les actions ont des caractéristiques communes. Le Clézio cherche donc l'unité dans la diversité. Tout comme il vise la valeur générale, symbolique derrière les histoires individuelles et les faits divers particuliers, atteignant ainsi l'universalité du mythe.

Enfin la « ronde » qui est à la fois le titre du recueil et de la première nouvelle offre une clé à cette unité aussi bien au niveau de la forme et de la composition que du thème.

• Ordre et composition

Au-delà de l'unité thématique du recueil autour de certains faits de la société contemporaine, de l'unité de temps et de lieu, de l'unité d'un mythe central autour des figures d'Icare, du Minotaure et du Labyrinthe et de l'unité générique avec l'utilisation des faits divers, il convient d'examiner l'unité de structure. La composition, en effet, convainc que l'ordre des nouvelles dans le recueil a une certaine importance et que chaque texte entretient des liens avec les autres.

Pourquoi la nouvelle *La Ronde*, placée en tête du recueil, donne-t-elle son titre à l'ensemble ? On peut affirmer que cette ouverture annonce une certaine tonalité qui trouve des échos dans les textes suivants : il s'agit d'un fait divers tragique mettant en scène des adolescents en quête d'un sens qu'ils ne trouvent pas dans le monde urbain où ils vivent. Ces caractéristiques ainsi résumées pourraient servir à sept autres nouvelles sur les onze.

Il convient donc de voir en quoi certains échos, certaines variantes ou harmoniques de ces caractéristiques structurent les textes suivants. On constate ainsi que les six premières nouvelles les déclinent ou les conjuguent de la manière la plus pessimiste jusqu'à *Le Jeu d'Anne* qui est la sixième nouvelle placée au centre du recueil.

La nouvelle suivante, *La Grande Vie*, relance l'intérêt et l'espoir avec une fin plus ambiguë, moins pessimiste.

Il y a donc un ordre, une alternance. Et aussi des échos ou des correspondances entre les deux parties délimitées par *Le Jeu d'Anne*. Ainsi *L'Échappé* où un Algérien échappé d'une prison française rêve de retrouver le pays de son enfance, renvoie à la nouvelle *Le Passeur* où un slave, travailleur immigré en France, rêve de retourner vivre dans son pays natal. Deux situations d'exil où les tenants et les aboutissants sont cependant différents.

La solitude de Liana dans *Moloch* et celle de Christine dans *Ariane* semblent trouver un écho dans celle du voleur de *Ô Voleur…* et celle de David, même si les causes et les conséquences ne sont pas identiques.

Enfin la *Villa Aurore* qui est au cœur de Nice, le jardin secret de Marie Doucet et de Gérard Estève, annonce celui d'*Orlamonde* qu'Annah essaye de sauver… même si les situations initiales et finales diffèrent également.

Cette composition implique donc un jeu de symétrie, de doubles qui s'opposent ou se font écho afin de montrer que rien n'est figé, que les situations peuvent se ressembler, se comparer sans pour cela avoir la même signification. C'est par cette structure que les textes de Le Clézio échappent aux interprétations réductrices et univoques… à condition, bien évidemment de lire l'ensemble et de ne pas s'en tenir à un texte isolé.

On pourrait même parler de composition circulaire parfaite s'il y avait douze textes… comme il y a douze heures sur le cadran d'une montre, comme il y a douze mois sur le calendrier…

❑ La ronde, clé unique et polysémique

La « ronde » se présente donc bien comme une notion clé qui donne son unité au recueil mais en offrant aussi plusieurs sens.

Si la ronde désigne d'abord un « espace circulaire » que l'on retrouve dans l'expression « à la ronde », elle évoque aussi cette zone qui borde la périphérie des villes, cette banlieue de Nice où se déroulent presque toutes les nouvelles. Mais s'il s'agit de « faire la ronde », au sens de surveiller les alentours, de tourner en rond avant de fondre sur sa proie, c'est bien ce que font les personnages comme Martine, Pouce et Poussy, le « voleur » et David avant de commettre leur vol… mais c'est aussi la « ronde » que font les policiers, les forces de l'ordre qui poursuivent Tayar, Pouce et Poussy, le « voleur », Annah et David afin de tout remettre dans l'ordre. Mais aussi « ronde des hommes » qui poursuivent Liana, « ronde des motards » qui cherchent Christine avant de la violer…

Enfin si la « ronde » fait aussi penser à la danse avec ses connotations ludiques (dans un titre comme *Le Jeu d'Anne* ou dans la comptine de *Ô Voleur*), il convient de constater que dans le recueil, la ronde joyeuse se termine souvent par une ronde meurtrière et infernale. Ce qui nous renvoie à des cycles, ceux des temps et des saisons, qui opposent l'été à l'hiver, celui de la vie qui s'oppose à la mort… comme une « roue de la Fortune » où l'on monte au sommet avant de connaître la chute fatale.

La plupart des nouvelles reproduisent ce schéma, à commencer… par *La Ronde* : Martine et Titi sont deux adolescentes qui cherchent à sortir du *cercle* ennuyeux de la vie quotidienne dans une grande ville moderne ; elles veulent briser ce cercle vicieux en organisant une ronde sur leur engin à deux roues ! Mais après avoir réussi à s'échapper hors du cercle, à connaître quelques instants de liberté, Martine est rattrapée au centre de la Place de la Liberté par son destin, et tombe –chute mortelle– sous la roue d'un « camion bleu », qui renvoie symboliquement à cette roue de la vie qui tourne et qui broie tout sur son passage. Ne dit-on pas alors « C'est la vie ! », formule qui sonne alors comme la seule morale possible et toujours identique de toutes les nouvelles et tous les faits divers qui nous ramène à la réalité et à une vision pessimiste de la vie.

Dans tous les cas, chaque nouvelle reprend le thème et la figure de la ronde, du cercle, du cycle dans des sens différents. Si certains personnages, mus par une force que l'on pourrait appeler « centrifuge », essaient de s'arracher à l'attraction des villes modernes et de sortir du labyrinthe (comme dans *La Ronde, Moloch, Ariane, La Grande Vie*…), d'autres –ou les mêmes– sont repris et une force « centripète » exercée lors des rondes par les forces de l'ordre les ramène au centre de la société, dans le droit chemin (dans *L'Échappé, La Grande Vie, Ô Voleur, Orlamonde, David*…).

De même si certains tentent de retrouver le temps stable du mythe et des cycles qui permet un éternel retour aux mêmes choses (dans *L'Échappé, Villa Aurore, Le Passeur*…) en répétant le temps des origines et des enfances… d'autres sont plongés dans les changements constants du monde moderne et de ses valeurs matérialistes.

Dans tous ces cas, il y a dramatisation et chute dans la dure réalité du fait divers. Le mythe n'étant là, par référence directe ou indirecte, que pour essayer de donner un sens à ce qui n'en a pas dans la réalité.

Si la ronde est d'abord rassurante en essayant de répéter les événements passés, ceux qui ont un sens connu à l'avance, ceux qui renvoient au temps des enfances ou des origines, du « paradis terrestre » qu'on essaye de retrouver et de perpétuer, elle devient vite une « ronde infernale » qui fait chuter les hommes (le « voleur », Tayar, David) et les femmes (Christine...), les broie, les encercle, les enchaîne au moyen de chaînes et d'anneaux de plus en plus étroits.

Cette ronde unique a donc double sens. Ronde qui relie les êtres, les choses et les textes en un temps de joie, de fraternité et de bonheur. Mais aussi ronde qui enchaîne les êtres en des temps de malheur et de violences.

Le Clézio montre ainsi que la vie est complexe et ne peut se réduire ni à un seul temps, ni à un seul sens.

Prolongements

1. ***Cherchez dans un dictionnaire différentes acceptions au mot « ronde ».***
   Illustrez-les à partir de citations extraites du recueil.
2. ***Pensez vous que le lecteur d'un recueil est libre de lire les nouvelles dans n'importe quel ordre ? ou doit-il suivre l'ordre choisi par l'auteur ?***
3. ***Trouvez des passages d'une nouvelle permettant au lecteur d'éclairer et de mieux comprendre une autre nouvelle.***

IX. LECTURE D'UNE NOUVELLE EXEMPLAIRE : LA GRANDE VIE

La Grande Vie, avec plus de quarante pages, est la nouvelle la plus longue du recueil *La Ronde et autres faits divers*. C'est l'occasion pour Le Clézio de mettre en scène deux personnages, deux jeunes filles : Pouce et Poussy et de s'interroger sur leur quête d'identité et leur quête d'aventures.

Sur la première quête, le fait qu'elles forment un duo, un « couple » inséparable au point où certains les considèrent comme des sœurs ou même des jumelles, permet de réfléchir sur les ressemblances et les différences fondatrices de toute identité ainsi que sur l'ambiguïté des relations qu'elles entretiennent entre elles et avec les autres.

Sur la seconde, leur projet de connaître « la grande vie » des stars qui fréquentent la Côte d'Azur, pour fuir la routine quotidienne de la vie moderne, la société des hommes et du travail aliénant, amène les « deux amazones » à tomber dans le délit de grivèlerie et à se faire arrêter à la frontière italienne. Malgré cet échec narré dans la scène finale, leur projet semble seulement différé. Ce qui laisse là aussi une certaine ambiguïté d'interprétation.

Par quels procédés –de narration entre autres– ces quêtes deviennent-elles ambiguës, pour quelles raisons et dans quel but l'auteur a-t-il choisi de prêter un certain intérêt et même une originalité certaine à ce qui aurait pu rester le récit d'une aventure somme toute banale qui pourrait se réduire à trois lignes dans un journal ?

❑ Un duo ambigu

Dès l'incipit, le lecteur apprend que Pouce et Poussy se prénomment en réalité Christèle et Christelle, qu'elles sont « comme des sœurs jumelles » (p. 153) et que c'est « très difficile de les différencier » (p. 154)... pour découvrir deux pages plus loin que Pouce a été adoptée par Janine à la mort de sa mère avant que Janine adopte « Poussy qui était à l'Assistance » (p. 156). Ces doubles noms et cette double nomination que l'adoption n'a pas réussi à unifier est une première ambiguïté.

Quant au portrait physique, l'une semble le double de l'autre puisqu'elles ne sont « pas très grandes », « très brunes toutes les deux », « qu'elles s'habillent de la même façon, et qu'elles ont toutes les deux le même rire, dans le genre de grelots qu'on agite » (p. 154). Aux yeux des autres, elles ne peuvent être que jumelles puisqu'elles se ressemblent « comme deux gouttes d'eau » (p. 169). De plus, elles ont le même projet : la grande aventure ou ce qu'elles appellent « la grande vie » (p. 159).

Ces premières constatations pourraient amener à conclure déjà que « qui se ressemble s'assemble » et que l'identité est une affaire de ressemblance. Ce serait sans doute trop facile car si cela reste vrai dans la première partie descriptive du texte, il n'en est pas de même par la suite, lors du récit où le lecteur peut juger les personnages d'après leurs actes et leurs paroles. Ainsi l'on s'aperçoit que Pouce reste plus passive, parlant beaucoup et rêvant « la grande vie », alors que Poussy est plus active, agissant pour entrer dans les hôtels, pour voler de la nourriture… Et quand la première veut rester et prolonger le séjour « On est bien, ici », la seconde reprend son leitmotiv « on s'en va » (p. 173).

L'ambiguïté des relations à l'intérieur du couple est à l'image des relations avec les autres. Si dans un premier temps, Pouce et Poussy semblent fuir les hommes : elles n'ont pas de fiancés (p. 157), elles ridiculisent leur patron Jacques Rossi (« Entre elles et Rossi, c'était la guerre » p. 157), tout comme l'italien qui les prend en auto-stop, dans un deuxième temps, Pietropaolo (encore un double nom) semble trouver grâce à leurs yeux. Cela peut expliquer la quête d'identité de deux jeunes filles face à l'autre sexe. Entre attirance et répulsion, leurs relations avec les hommes sont donc doubles et ambiguës, tout comme le sont les « amazones » du mythe évoqué dans la scène finale à leur propos par le douanier : elles font la guerre aux hommes, mais elles en ont besoin.

❑ Un projet ambigu : l'aventure ou « la grande vie »

Au premier abord, le projet de Pouce et Poussy semble simple : c'est un moyen de fuir la réalité quotidienne, sa monotonie, « pour rêver, pour oublier le bagne de l'atelier » (p. 159), de fuir les hommes… et de connaître la vie de luxe des stars « dans des pays qu'on voit au cinéma » (p. 157) et de pénétrer dans ce monde merveilleux des mythes créés par le cinéma. Si la descente sur la Côte d'Azur permet de réaliser en partie ce rêve, celui-ci n'est que de courte durée, car elles doivent bientôt se cacher, voler parce qu'elles n'ont plus d'argent. Mais elles s'aperçoivent aussi que tous les palaces sont les mêmes, que les hommes sont partout les mêmes et que cette grande vie peut aussi connaître sa routine et sa monotonie.

Parallèlement, la grande vie rêvée retombe dans la réalité la plus matérielle, puisque Pouce tombe malade, qu'il faut régler des problèmes financiers bien concrets. Et même si l'on ne travaille plus, il faut passer son temps et son énergie à voler, à ruser, à mentir avant que la société et l'ordre qu'on cherchait à fuir vous rattrapent !

De ce point de vue, le récit est pessimiste puisque les deux fugitives vont se retrouver en prison. Cependant la phrase finale laisse un espoir et reste ambiguë puisque le lecteur peut penser qu'elles pourront « repartir, cette fois, pour ne plus revenir » (p. 191).

❑ Une narration ambiguë

Si cette double quête est ambiguë, si les personnages peuvent être à la fois identiques et différents, si l'aventure de la grande vie peut se terminer de façon pessimiste ou optimiste, c'est que la narration même permet ce jeu, ce brouillage continuel.

Dès l'incipit et dans la première partie du texte dont la nature est à dominante descriptive, il s'agit d'un narrateur omniscient qui donne au lecteur quelques généralités (avec le portrait des deux jeunes filles et le résumé de leur projet) et qui distille –de façon progressive et ambiguë– des informations sur leur passé.

Dans la partie centrale qui relate la grande aventure sur la Côte d'Azur, le narrateur change de statut pour devenir un narrateur-témoin, capable de rapporter les gestes et paroles de Pouce et Poussy que l'on suit jour après jour, heure après heure. Le lecteur peut alors, grâce à quelques glissements narratifs, par des focalisations internes participer de l'intérieur à la quête de Pouce, à ses attentes, ses rêves, ses angoisses…

Cependant les dernières lignes provoquent une « chute », une rupture par rapport à ce statut narratif et à ce pacte de lecture, puisque l'on apprend ce que sera la suite de l'histoire :

> elle pensait seulement au temps où elles allaient repartir (p. 191)

Cette intrusion dans le futur de l'histoire peut être un moyen de donner une fin optimiste après l'échec de la quête… mais peut être un moyen de boucler la boucle, la « ronde » et de recommencer pour –à nouveau– connaître la même fin.

❑ Illusion ?

D'une manière ou d'une autre, la « grande vie » n'est-elle qu'une illusion ? Rêve ou réalité ? En relatant la quête de Pouce et Poussy, Le Clézio répond à sa manière, en montrant qu'un tel projet est ambigu par nature, mais qu'il l'est parce que les personnages sont eux-mêmes ambigus, à la recherche de leur identité, de leur système de valeur… en montrant aussi que l'auteur est celui qui tire les ficelles de l'histoire et des personnages. Ce faisant, cette nouvelle est donc différente des autres : elle ne peut se réduire à un simple fait divers, elle oscille entre le réel et le mythe (la référence aux amazones venant « éclairer » le récit et lui donner un autre sens), elle évite de tomber dans un système d'oppositions simplistes ou manichéens… Elle oblige le lecteur à bien identifier les personnages –comme dans la vie réelle– et à les identifier à partir d'un réseau de ressemblances et de différences et à choisir un sens optimiste ou pessimiste selon la lecture finale qu'il fera.

Cette ambiguïté fondamentale peut être ici un trait distinctif de la nouvelle, qui en fait la force, ce qui implique une exigence de lecture mais laisse une grande liberté au lecteur.

Prolongements

- ***À votre tour, rédigez le commentaire composé d'une des nouvelles du recueil en dégageant à chaque fois un axe de lecture et une méthode d'analyse.***

DOCUMENTS COMPLÉMENTAIRES

❑ Autour de *La Ronde*

• Les quatrièmes de couverture des quatre premiers recueils.

LA FIÈVRE

Ces neuf histoires de petite folie sont des fictions ; et pourtant, elles n'ont pas été inventées. Leur matière est puisée dans une expérience familière. Tous les jours, nous perdons la tête à cause d'un peu de température, d'une rage de dents, d'un vertige passager. Nous nous mettons en colère. Nous jouissons. Nous sommes ivres. Cela ne dure pas longtemps, mais cela suffit. Nos peaux, nos yeux, nos oreilles, nos nez, nos langues emmagasinent tous les jours des millions de sensations dont pas une n'est oubliée. Voilà le danger. Nous sommes de vrais volcans.

Il y a longtemps que j'ai renoncé à dire tout ce que je pensais (je me demande même parfois s'il existe vraiment quelque chose qui s'appelle une pensée) ; je me suis contenté d'écrire tout cela en prose. La poésie, les romans, les nouvelles sont de singulières antiquités qui ne trompent plus personne, ou presque. Des poèmes, des récits, pour quoi faire ? L'écriture, il ne reste plus que l'écriture, l'écriture seule, qui tâtonne avec ses mots, qui cherche et décrit, avec minutie, avec profondeur, qui s'agrippe, qui travaille la réalité sans complaisance. C'est difficile de faire de l'art en voulant faire de la science. J'aimerais bien avoir en quelque sorte un ou deux siècles de plus pour savoir.

J.M.G. LE CLÉZIO, Gallimard, 1965.

MONDO ET AUTRES HISTOIRES

Les contes de Le Clézio, qui semblent nés du rêve et du recueillement, nous parlent pourtant de notre époque.

Venu d'ailleurs, Mondo le petit garçon qui passe, Lullaby la voyageuse, Jon, Juba le sage, Daniel Sindbad qui n'a jamais vu la mer, Alia, Petite Croix, et tant d'autres, nous sont délégués comme autant d'enfants-fées. Ils nous guident. Ils nous forcent à traverser les tristes opacités d'un univers où l'espoir se meurt. Ils nous fascinent par leur volonté tranquille, souveraine, accordée au *silence* des éléments retrouvés. Ils nous restituent la cadence limpide du souffle, clé de notre âme.

Gallimard, 1978.

LA RONDE ET AUTRES FAITS DIVERS

Onze « faits divers », d'une banalité toute apparente. Qu'il s'agisse d'un groupe d'ouvriers misérables passant en fraude la frontière italienne, de deux jeunes filles fugueuses, d'un enfant voleur, d'une femme accouchant seule sur la moquette d'un mobile home, surveillée par son chien-loup au regard de braise, qu'il s'agisse de la fillette broyée par un camion, ou de la fillette violée dans une cave de H.L.M., l'auteur impose aux faits une étrangeté bouleversante. L'incident s'annule au profit du dénominateur commun de toute souffrance humaine qu'articulent l'horreur de la solitude, la répression, l'injustice et, quoi qu'il *arrive*, le fol et vain espoir de rencontrer, dans l'amour et dans la liberté, une merveilleuse douceur.

Gallimard, 1982.

PRINTEMPS ET AUTRES SAISONS

« Avec le ciel, je sais m'amuser. Je joue à disparaître. Je choisis quand je vais revenir. Dix ans, vingt ans après. Tout a changé. Personne ne se souvient plus de moi. Je peux marcher dans les rues, sans rien reconnaître. Je peux tout regarder avec un œil dur et froid, dans le genre des mouettes. C'est le ciel qui m'aide à faire cela. Il peut me rendre cruelle comme la lumière du matin. Le soir, ou l'après-midi, ce n'est pas pareil. Les nuages sont doux, il y a de la brume qui estompe. La nuit, il y a la peur, la tendresse, la chaleur des chambres, l'odeur de l'haleine sous les draps. Mais c'est le matin que je peux m'en aller, être une autre. Je suis allée comme cela très loin, de l'autre côté de la mer, jusqu'à Mehdia, et je suis revenue. J'ai volé comme une mouette, j'ai franchi tous les obstacles, je me suis battue contre tous les autres. La lumière s'est accrochée à ma peau comme une poussière de mica. »

Cinq nouvelles (dont une longue), cinq saisons (dont une des pluies), Libbie-Saba, Zobéïde, la bohémienne aux roses, Gaby, Zinna, cinq femmes, vues entrevues, rêvées, pour tenter de dire la fragilité, l'étrangeté, la recherche de l'amour, de soi-même, l'errance et l'appartenance, la mémoire ou l'oubli, le temps qui ne passe pas et les lieux anciens qui s'enfuient.

Gallimard, 1989.

• Réception du recueil : un article de presse

« LA RONDE » DE J.M.G LE CLÉZIO

Brut de coffrage

Ce n'est pas vrai que les nouvelles racontent des histoires différentes. Ce sont plusieurs façons de refléter un même monde, reconnaissable d'un texte à l'autre. Que Morand parle du Vel' d'Hiv' ou de l'Estoril, il dit d'abord son envie de ramasser en quelques mots secs l'esprit d'un destin ou d'un instant. Une phrase de Boulanger qui commence, c'est comme un buffet de campagne qui s'ouvre sur des assiettes en malicorne et des confitures maison.

L'univers dont Le Clézio dresse le procès-verbal, depuis précisément *le Procès-Verbal*, soit une quinzaine de livres, et où il nous entraîne de nouveau aujourd'hui à travers neuf nouvelles, a la particularité de ne rien devoir aux fioritures du passé. En termes d'architecture, on dirait qu'il est brut de coffrage. C'est notre environnement vrai, fait de parpaings, de néon, de gaz d'échappement, de végétation menacée, où le minéral et le synthétique progressent inexorablement, où la nature n'est plus représentée que par les nuances de couleur données aux choses par le soleil, pâles à l'aube, blanches à midi, mauves et mourantes au crépuscule.

L'HUMANITÉ est à l'avenant. Il y a un siècle, on appelait les gens que montre Le Clézio des misérables, des offensés. On dirait maintenant : des paumés. Mais la connotation charitable demeure.

Ce sont des êtres issus des bétonneuses et des machines à goudronner, parfaitement innocents de la violence à laquelle les accule une économie de jungle, en les privant de la moindre prise sur leur existence. C'est le cas des deux fillettes de *la Ronde*, qui tournent en mobylette dans une ville surchauffée, tels des papillons dans un abat-jour, ignorées des adultes, là-haut, dans leurs cellules de béton bleuies par les télévisions. C'est aussi le cas de l'héroïne de *Moloch*, qui accouche dans un *mobil home* en tôle avec, pour toute compagnie, un chien-loup finalement plus attentionné qu'un mari.

Tayar, dans *l'Échappé*, cumule toutes les infortunes : il appartient à ce tiers-monde dont l'Occident cossu a décidé que la misère était fatale, et, qui plus est, on le traque. Revenu à l'état de bête, il rampe vers une source où tremper ses lèvres. C'était bien la peine d'inventer le Parthénon et les SICAV pour en arriver là, à laisser un homme fait comme vous et moi, à peine plus terreux de teint, se traîner sur des cailloux coupants, propriétaire de sa seule vie, et encore !

[...] Peu d'écrivains français ouvrent les yeux sur le monde de caillasse et de rudesse caché sous les dorures de l'art ou des discours. Plus rares encore sont ses contemporains qui ont l'idée, et le don, de suggérer la crasse aggravée du tiers-monde.

Sauf des retours de plus en plus rares, et déçus, vers les villas niçoises aux couleurs de tranches napolitaines, Le Clézio situe la plupart de ses textes récents dans un paysage où pourraient se reconnaître toutes les banlieues pauvres, en pays chauds. Ce sont partout les mêmes embouchures asséchées, les mêmes arbustes rabougris.

Partout pèse une température de tropique. Partout, le goudron, sous les pneus, rend un bruit mouillé. La montée du soleil sur les cubes de ciment mal situés et mal aérés constitue la grande affaire quotidienne. Chaque soir est attendu comme une délivrance, recherché comme le coin de drap frais sous le traversin.

Les gens du Nord croient volontiers, ça les arrange, qu'il suffit de pouvoir dîner sur les balcons et y faire sécher le linge pour que la vie, allons donc ! ait du bon. Le Clézio, lui, sait que la couleur prêtée à ces latitudes est un leurre. Les villes-fournaises sont d'abord des symphonies de gris. La poussière, qu'aucune pluie ne fixe, recrouvre les toits et les visages effarés de sécheresse.

Le mot « gris », j'ai compté, revient une cinquantaine de fois dans ce recueil. Toutes les quatre pages en moyenne, et parfois à trois reprises dans un paragraphe : c'est peut-être un peu beaucoup ! Il y a chez Le Clézio une pauvreté de vocabulaire et une banalité de description dont ses détracteurs n'ont pas de mal à douter qu'elles soient volontaires. Sans faire fleuri, n'y a-t-il pas moyen d'éviter que toutes les respirations soient « rauques », et les cheveux « emmêlés par le vent ? »

Mais quoi ! À chaque écrivain sa façon de régler le style sur le contenu. Un Grainville, c'est plus fort que lui, flamboie et s'échevèle à la vue… des tours de la Défense ; devant les H.L.M. du tiers-monde, Le Clézio, lui, se met au régime sec. Sa phrase prend la teinte du décor : une grisaille pulvérulente, que réhausse seulement le jaune des réverbères ou des yeux de chien.

Ce qui n'empêche pas la lumière de changer d'heure en heure et, non contente d'éblouir, d'envelopper les corps avec la même matérialité que le vent, de fouailler les entrailles, de tracer des ombres, à midi, aux orbites des enfants.

B. POIROT-DELPECH, *Le Monde,*
n° 11592 du 7 mai 1982 (extrait).

❑ Autour du genre

• Roland Barthes, *« Structure du fait divers »* dans *Les Essais Critiques*, Le Seuil, 1964

STRUCTURE DU FAIT DIVERS

Voici un assassinat : s'il est politique, c'est une information, s'il ne l'est pas, c'est un fait divers. Pourquoi ? On pourrait croire que la différence est ici celle du particulier et du général, ou plus exactement, celle du nommé et de l'innommé : le fait divers (le mot semble du moins l'indiquer) procéderait d'un classement de l'inclassable, il serait le rebut inorganisé des nouvelles informes ; son essence serait privative, il ne commencerait d'exister que là où le monde cesse d'être nommé, soumis à un catalogue connu (politique, économie, guerres, spectacles, sciences, etc.) ; en un mot, ce serait une information *monstrueuse*, analogue à tous les faits exceptionnels ou insignifiants, (...). Cette définition n'est évidemment pas satisfaisante : elle ne rend pas compte de l'extraordinaire promotion du fait divers dans la presse d'aujourd'hui (on commence d'ailleurs à l'appeler plus noblement *information générale*) ; mieux vaut donc poser à égalité le fait divers et les autres types d'information, et essayer d'atteindre dans les uns et les autres une différence de structure, et non plus une différence de classement.

Cette différence apparaît tout de suite lorsque l'on compare nos deux assassinats ; dans le premier (l'assassinat politique), l'événement (le meurtre) renvoie nécessairement à une situation extensive qui existe en dehors de lui, avant lui et autour de lui : la « politique » ; l'information ne peut ici se comprendre immédiatement, elle ne peut être définie qu'à proportion d'une connaissance extérieure à l'événement, qui est la connaissance politique, si confuse soit-elle ; en somme, l'assassinat échappe au fait divers chaque fois qu'il est venu d'un monde déjà connu ; on peut dire alors qu'il n'a pas de structure propre, suffisante, car il n'est jamais que le terme manifeste d'une structure implicite qui lui préexiste : pas d'information politique sans durée (...).

L'assassinat politique est donc toujours, par définition, une information partielle ; le fait divers, au contraire, est une information totale, ou plus exactement immanente, il contient en soi tout son savoir : point besoin de connaître rien du monde pour consommer un fait divers ; il ne renvoie formellement à rien d'autre qu'à lui-même ; bien sûr, son contenu n'est pas étranger au monde : désastres, meurtres, enlèvements, agressions, accidents, vols, bizarreries, tout cela renvoie à l'homme, à son histoire, à son aliénation, à ses fantasmes, à ses rêves, à ses peurs : une idéologie et une psychanalyse du fait divers sont possibles ; mais il s'agit là d'un monde dont la connaissance n'est jamais qu'intellectuelle, analytique, élaborée au second degré par celui qui parle du fait divers, non par celui qui le consomme ; au niveau de la lecture, tout est donné dans un fait divers ; ses circonstances, ses causes, son passé, son issue ; sans durée et sans contexte, il constitue un être immédiat, total, qui ne renvoie, du moins formellement, à rien d'implicite ; c'est en cela qu'il s'apparente à la nouvelle et au conte, et non plus au roman. C'est son immanence qui définit le fait divers.

• Charles Baudelaire, « *Notes sur Edgar Poe* »

Parmi les domaines littéraires où l'imagination peut obtenir les plus curieux résultats, peut récolter les trésors, non pas les plus riches, les plus précieux (ceux-là appartiennent à la poésie), mais les plus nombreux et les plus variés, il en est un que Poe affectionne particulièrement, c'est la *Nouvelle*. Elle a sur le roman à vastes proportions cet immense avantage que sa brièveté ajoute à l'intensité de l'effet. Cette lecture, qui peut être accomplie tout d'une haleine, laisse dans l'esprit un souvenir bien plus puissant qu'une lecture brisée, interrompue souvent par les tracas des affaires et le soin des intérêts mondains. L'unité d'impression, la *totalité* d'effet est un avantage immense qui peut donner à ce genre de composition une supériorité tout à fait particulière, à ce point qu'une nouvelle trop courte (c'est sans doute un défaut) vaut encore mieux qu'une nouvelle trop longue. L'artiste, s'il est habile, n'accommodera pas ses pensées aux incidents ; mais, ayant conçu délibérément, à loisir, un effet à produire, inventera les incidents, combinera les événements les plus propres à amener l'effet voulu. Si la première phrase n'est pas écrite en vue de préparer cette impression finale, l'œuvre est manquée dès le début. Dans la composition tout entière, il ne doit pas se glisser un seul mot qui ne soit une intention, qui ne tende, directement ou indirectement, à parfaire le dessein prémédité.

Il est un point par lequel la nouvelle a une supériorité, même sur le poème. Le rythme est nécessaire au développement de l'idée de beauté, qui est le but le plus grand et le plus noble du poème. Or, les artifices du rythme sont un obstacle insurmontable à ce développement minutieux de pensées et d'expressions qui a pour objet la *vérité*. Car la vérité peut être souvent le but de la nouvelle, et le raisonnement, le meilleur outil pour la construction d'une nouvelle parfaite. C'est pourquoi ce genre de composition qui n'est pas situé à une aussi grande élévation que la poésie pure, peut fournir des produits plus variés et plus facilement appréciables pour le commun des lecteurs. De plus, l'auteur d'une nouvelle a à sa disposition une multitude de tons, de nuances de langage, le ton raisonneur, le sarcastique, l'humoristique, que répudie la poésie, et qui sont comme des dissonances, des outrages à l'idée de beauté pure. Et c'est aussi ce qui fait que l'auteur qui poursuit dans une nouvelle un simple but de beauté, ne travaille qu'à son grand désavantage, privé qu'il est de l'instrument le plus utile, le rythme. Je sais que, dans toutes les littératures, des efforts ont été faits, souvent heureux, pour créer ces contes purement poétiques ; Edgar Poe lui-même en a fait de très beaux. Mais ce sont des luttes et des efforts qui ne servent qu'à démontrer la force des vrais moyens adaptés aux buts correspondants, et je ne serais pas éloigné de croire que, chez quelques auteurs, les plus grands qu'on puisse choisir, ces tentations héroïques vinssent d'un désespoir.

• Félix Fénéon, *Nouvelles en trois lignes*, Gallimard, 1948. Extraits.

Rattrapé par un tramway qui venait de le lancer à dix mètres, l'herboriste Jean Désille, de Vanves, a été coupé en deux.

Cassant la vitre du wagon, une pierre a crevé l'œil à un voyageur, train Bayonne-Toulouse. On stoppa. Plus personne. (*Dép. part.*).

Guichard, de Villers-sous-Preny (M.-et-M.), chassait et labourait. Ses chevaux marchèrent sur son fusil. Le coup partit, mortel. (*Dép. part.*).

Une façon de marabout qu'hébergeait un Arabe des environs de Constantine, lui a emporté sa cassette et sa fille. (*Dép. part.*).

Deux bohémiens se battaient pour la jeune Colomba, près de Belfort. Incidemment, elle reçut de l'un, Sloga, une balle mortelle. (*Dép. part.*).

Le galant Léon Courtescu, d'Angers, a été précipité dans la Maine, où il s'est noyé, par un mari, le sieur Brouard. (*Havas.*).

Il n'y a même plus de Dieu pour les ivrognes : Kersilie, de Saint-Germain, qui avait pris la fenêtre pour la porte, est mort.

Pouliet et Carle roulaient en tandem vers Vanves. Une automobile les tamponna, dont, trop mal en point, ils ne purent lire le numéro.

C'est au cochonnet que l'apoplexie a terrassé M. André, 75 ans, de Levallois. Sa boule roulait encore qu'il n'était déjà plus.

M. Abel Bonnard, de Villeneuve-Saint-Georges, qui jouait au billard, s'est crevé l'œil gauche en tombant sur sa queue.

Le professeur de natation Renard, dont les élèves tritonnaient en Marne, à Charenton, s'est mis à l'eau lui-même : il s'est noyé.

Plage Sainte-Anne (Finistère), deux baigneurs se noyaient. Un baigneur s'élança. De sorte que M. Étienne dut sauver trois personnes (*Dép. part.*).

Mme Vivant, d'Argenteuil, avait compté sans le zèle du patron de lavoir Meheu. Il retira de la Seine cette lavandière désespérée.

La moto écrasa bien le molosse, descente de Mesnil-le-Roi ; mais le motocycliste, Grand, se blessa à la tête et aux membres.

Derrière un cercueil, Mangin, de Verdun, cheminait. Il n'atteignit pas, ce jour-là, le cimetière. La mort le surprit en route (*Dép. part.*).

Des trains ont écrasé, aux Clayes et à la Briche, Buzard et Avel ; du moins était-ce l'amour qui avait mis celui-ci sur les rails.

L'amour. À Mirecourt, Colas, tisseur, logea une balle dans la tête de Mlle Fleckenger et se traita avec une rigueur pareille. (*Dép. part.*).

Le Dunkerquois Scheid a tiré trois fois sur sa femme. Comme il la manquait toujours, il visa sa belle-mère : le coup porta. (*Havas*).

Le photographe Joachim Berthoud ne pouvait se consoler de la mort de sa femme. Il s'est tué à Fontenay-sous-Bois.

Mlle Paulin, des Mureaux, 46 ans, a été saccagée, à 9 heures du soir, par un satyre (22 ans, trapu, chapeau mou sur visage ovale).

❑ Intertextualité

• Gustave Flaubert, *Salammbô*, 1862.

Les pontifes de Moloch se promenaient sur la grande dalle, en examinant la multitude.

Il fallait un sacrifice individuel, une oblation toute volontaire et qui était considérée comme entraînant les autres. Mais personne, jusqu'à présent, ne se montrait, et les sept allées conduisant des barrières au colosse étaient complètement vides. Alors, pour encourager le peuple, les prêtres tirèrent de leurs ceintures des poinçons et ils se balafraient le visage. On fit entrer dans l'enceinte les

Dévoués, étendus sur terre, en dehors. On leur jeta un paquet d'horribles ferrailles et chacun choisit sa torture. Ils se passaient des broches entre les seins ; ils se fendaient les joues ; ils se mirent des couronnes d'épines sur la tête ; puis ils s'enlacèrent par les bras, et, entourant les enfants, ils formaient un autre grand cercle qui se contractait et s'élargissait. Ils arrivaient contre la balustrade, se rejetaient en arrière et recommençaient toujours, attirant à eux la foule par le vertige de ce mouvement tout plein de sang et de cris.

Peu à peu, des gens entrèrent jusqu'au fond des allées ; ils lançaient dans la flamme des perles, des vases d'or, des coupes, des flambeaux, toutes leurs richesses ; les offrandes, de plus en plus, devenaient splendides et multipliées. Enfin un homme qui chancelait, un homme pâle et hideux de terreur, poussa un enfant ; puis on aperçut entre les mains du colosse une petite masse noire ; elle s'enfonça dans l'ouverture ténébreuse. Les prêtres se penchèrent au bord de la grande dalle, – et un chant nouveau éclata, célébrant les joies de la mort et les renaissances de l'éternité.

Ils montaient lentement, et, comme la fumée en s'envolant faisait de hauts tourbillons, ils semblaient de loin disparaître dans un nuage. Pas un ne bougeait. Ils étaient liés aux poignets et aux chevilles, et la sombre draperie les empêchait de rien voir et d'être reconnus.

Hamilcar, en manteau rouge comme les prêtres de Moloch, se tenait auprès du Baal, debout devant l'orteil de son pied droit. Quand on amena le quatorzième enfant, tout le monde put s'apercevoir qu'il eut un grand geste d'horreur. Mais bientôt, reprenant son attitude, il croisa ses bras et il regardait par terre. De l'autre côté de la statue, le Grand-Pontife restait immobile comme lui. Baissant sa tête chargée d'une mitre assyrienne, il observait sur sa poitrine la plaque d'or couverte de pierres fatidiques, et où la flamme se mirant faisait des lueurs irisées. Il pâlissait, éperdu. Hamilcar inclinait son front ; et ils étaient tous les deux si près du bûcher que le bas de leurs manteaux, se soulevant, de temps à autre l'effleurait.

Les bras d'airain allaient plus vite. Ils ne s'arrêtaient plus. Chaque fois que l'on y posait un enfant, les prêtres de Moloch étendaient la main sur lui, pour le charger des crimes du peuple, en vociférant : « Ce ne sont pas des hommes, mais des bœufs ! » et la multitude à l'entour répétait : « Des bœufs ! des bœufs ! ». Les dévots criaient : « Seigneur ! mange ! » et les prêtres de Proserpine, se conformant par la terreur au besoin de Carthage, marmottaient la formule éleusiaque : « Verse la pluie ! enfante ! ».

Les victimes à peine au bord de l'ouverture disparaissaient comme une goutte d'eau sur une plaque rougie, et une fumée blanche montait dans la grande couleur écarlate.

Cependant l'appétit du Dieu ne s'apaisait pas. Il en voulait toujours. Afin de lui en fournir davantage, on les empila sur ses mains avec une grosse chaîne par-dessus, qui les retenait. Des dévots au commencement avaient voulu les compter, pour voir si leur nombre correspondait aux jours de l'année solaire ; mais on en mit d'autres, et il était impossible de les distinguer dans le mouvement vertigineux des horribles bras. Cela dura longtemps, indéfiniment, jusqu'au soir. Puis les parois intérieures prirent un éclat plus sombre. Alors on aperçut des chairs qui brûlaient. Quelques-uns même croyaient reconnaître des cheveux, des membres, des corps entiers.

Le jour tomba ; des nuages s'amoncelèrent au-dessus du Baal. Le bûcher, sans flammes à présent, faisait une pyramide de charbons jusqu'à ses genoux ; complètement rouge comme un géant tout couvert de sang, il semblait, avec sa tête qui se renversait, chanceler sous le poids de son ivresse.

À mesure que les prêtres se hâtaient, la frénésie du peuple augmentait ; le nombre des victimes diminuant, les uns criaient de les épargner, les autres qu'il en fallait encore. On aurait dit que les murs chargés de monde s'écroulaient sous les hurlements d'épouvante et de volupté mystique. Puis des fidèles arrivèrent dans les allées, traînant leurs enfants qui s'accrochaient à eux ; et ils les battaient pour leur faire lâcher prise et les remettre aux hommes rouges. Les joueurs d'instruments quelquefois s'arrêtaient épuisés ; alors on entendait les cris des mères et le grésillement de la graisse qui tombait sur les charbons. Les buveurs de jusquiame, marchant à quatre pattes, tournaient autour du colosse et rugissaient comme des tigres, les Yidonim vaticinaient, les Dévoués chantaient avec leurs lèvres fendues ; on avait rompu les grillages, tous voulaient leur part du sacrifice ; et les pères dont les enfants étaient morts autrefois, jetaient dans le feu leurs effigies, leurs jouets, leurs ossements conservés. Quelques-uns qui avaient des couteaux se précipitèrent sur les autres. On s'entr'égorgea. Avec des vans de bronze, les hiérodoules prirent au bord de la dalle les cendres tombées ; et ils les lançaient dans l'air, afin que le sacrifice s'éparpillât sur la ville et jusqu'à la région des étoiles.

Ce grand bruit et cette grande lumière avaient attiré les Barbares au pied des murs ; se cramponnant pour mieux voir sur les débris de l'hélépole, ils regardaient, béants d'horreur.

• Tahar Ben Jelloun, *Le vol de l'ange, L'Ange aveugle,* Le Seuil, 1992.

LE VOL DE L'ANGE

À Giuliano, dans la maison d'un pendu, on est capable de suspendre une corde à la mémoire du disparu. C'est une manière de se souvenir dans une ville à l'âme froissée, au visage blême et à la mémoire tachée de sang. Ainsi, chez la famille d'Antonella, tout rappelle les circonstances de sa mort tragique en mars 1983 : à côté du dernier portrait de cette fille de huit ans, une photo de la petite Sandra, en ange volant au-dessus de la place, des coupures de journaux avec ces titres : « Antonella tuée par l'ange de la paix », « Vol de l'ange tragique à Giuliano », « Un ange exterminateur au-dessus de Giuliano »... Tout le monde se souvient de ce dimanche, dernier jour de fête, où une foule épaisse et lourde a écrasé le corps frêle de la petite Antonella. Les six bœufs blancs attelés au chariot de la Vierge furent pris de panique à cause de quelques pétards lancés par des adolescents au moment où Sandra entamait son dernier vol, chantant pour la Vierge Marie. Les bêtes étaient fatiguées, irritées par cette foule imposante ; elles avaient été amenées pour l'occasion d'une ferme lointaine et n'avaient pas mangé depuis le matin. Voilà pourquoi certains accusent, aujourd'hui encore, les bœufs d'être à l'origine de cette mort. D'autres disent que Sandra volait comme un pied, et la foule était mécontente. Les pétards étaient jetés pour exprimer un reproche.

Sandra avait la jambe gauche repliée et ficelée. Comme la plupart des anges, elle ne devait se servir que d'une jambe. Cela la gênait physiquement et rendait ses mouvements plus lents et moins gracieux. Le spectacle n'était pas au point. La poulie qui faisait tourner la roue à laquelle était suspendue Sandra grinçait et faisait parfois des ratés. Comme au cirque, le public retenait son souffle, les prêtres et la famille priaient, mais on n'était pas au cirque et il n'y avait pas de filet sous l'ange.

Il fallait un coupable. Padre Paolo était tout indiqué. Il s'était opposé à la candidature d'Antonella pour le vol de l'ange de cette année. Il avait une préférence pour Sandra et n'arrivait pas à justifier son refus. Si Antonella avait été suspendue au-dessus de la place, elle n'aurait pas provoqué la colère des bœufs. Elle ne serait pas morte. Mais les anges ont choisi son corps pour le transport de l'âme de la Vierge Marie en ce jour de prière et de fête.

Que reprochait Padre Paolo à Antonella ? Les parents sont de bons catholiques, fidèles à la messe, croyants et pratiquant par tous les temps. La famille de Sandra n'est pas plus catholique. Il y a eu favoritisme, il y a eu injustice, il y a eu malheur et drame.

Qu'en pense Don Roberto, la conscience de Giuliano, le doyen de la ville, l'homme qui ne s'occupe pas de politique mais que les politiciens de la région consultent ; l'homme de la sérénité, de l'énigme et du silence ? Don Roberto n'est plus avocat, mais, pour l'occasion, il a reçu la famille plaignante et l'a écoutée comme un juge juste et humain. Difficile de justifier une mort si brutale. Et pourtant, Don Roberto a trouvé les mots pour calmer les esprits :

« Cet accident est une parole du ciel. Quand le ciel veut nous parler, il le fait à travers l'innocence et la beauté des enfants. Giuliano est une ville qui se meurt. Les jeunes gens n'ont pas de travail, n'ont pas d'avenir. L'Église fait ce qu'elle peut. Mais que peut-on contre l'abandon ? Nous sommes lâchés par l'État, oubliés du gouvernement, mis dans une salle d'attente, jetés dans la rue, comme si nous étions indignes d'une vie prospère et belle. Alors, une fois par an, Giuliano s'adresse au ciel. Une enfant plane au-dessus de nos têtes, puis descend sur terre, prend place dans le chariot à côté de la Vierge et fait le tour de la ville. Cela nous occupe et nous fait oublier notre misère. Antonella est la première victime de notre lattitude. Elle paie nos fautes, nos péchés. C'est elle l'ange. La petite Sandra a été l'ange d'un jour. Antonella est l'ange de l'éternité… ».

En partant, Don Roberto prit à part le père de la victime et lui murmura quelques mots à l'oreille. La mère avait les yeux secs. Ces paroles ne l'ont pas consolée. À la maison, elle éclata en sanglots et dit ce qu'elle avait sur le cœur : « Ma fille a payé ; je le sais à présent. Je ne vais plus me taire. Une parole du ciel ! Et quoi encore ?

Pourquoi pas invoquer le vaudou, la magie noire, la danse africaine, la sorcellerie indienne ? Notre fille nous a été retirée parce que nous sommes indignes de son innocence et de sa grâce. Depuis que tu fréquentes cette bande de vauriens, depuis que tu reçois à l'oreille des messages chuchotés de Don Roberto, tu as ouvert le chemin du malheur, tu as ouvert la porte de malédiction. Que fais-tu ? Quel travail fais-tu ? D'où vient l'argent ? J'en ai assez de me taire, de ne pas poser de questions. Tous ces morts l'an passé ! Tu crois que je n'ai pas fait le lien entre ton voyage d'une semaine à Naples et les assassinats de toute une famille à Afragola ? Mon dieu ! quelle misère ! Quelle déchéance ! Donner la mort est devenu si facile, si simple, que plus personne ne s'étonne des disparitions. Qu'ai-je fait au bon Dieu pour être tombée dans ce gouffre ? Que vais-je devenir ? »

Le mari ne dit mot. Il écoutait en fixant le portrait d'Antonella souriante. Il se leva et quitta la maison. Par la fenêtre, sa femme le vit rejoindre trois hommes qui se dirent quelque chose à l'oreille puis s'engouffrèrent dans une vielle auto et disparurent. Deux jours plus tard, le mari revint, les bras chargés de paquets. Il annonça à sa femme que l'Église acceptait, après consultation de Rome, qu'exceptionnellement, l'année prochaine, le vol de l'ange soit fait par Marcello, le petit frère d'Antonella. Jamais un garçon n'a effectué le vol de l'ange. Marcello sera habillé en fille et on fera croire que c'est Antonella qui est revenue saluer la population paisible de Giuliano.

Tout de noir vêtue, la mère d'Antonella descendit avec Marcello, un ange de sept ans, acheta les journaux et lut à voix haute les faits divers : « Un journaliste de Giuliano trouvé assassiné dans sa voiture la veille de son mariage. » Elle montra la photo de la victime et de sa fiancée à Marcello qui demanda :

– Qui a tué cet homme ?

– Non, mon ange ! Il n'a pas été tué, il est mort bêtement dans un accident de voiture. À Naples, les gens conduisent comme des fous. Il faut faire attention quand tu traverses.

Tout est rentré dans l'ordre. Antonella allait accéder à la sainteté. Marcello fera l'ange. Et le père continuera son travail, accomplissant les missions qu'on lui confiera en lui murmurant à l'oreille.

ENTRETIEN AVEC J-M-G. LE CLÉZIO

Les faits divers de La Ronde... ***ont-ils à l'origine une réalité journalistique ? Si oui, avez-vous travaillé à partir de certaines coupures de journaux que vous avez conservées ?***

J-M-G. Le Clézio : *La Ronde* et plus récemment *Cœur brûle* ont pour point de départ des faits divers. Je collectionne en effet des coupures ; mais ce qui m'attire dans ces faits divers est moins leur réalité que leur relation au fabuleux (*Moloch*), au dramatique (*La Ronde*) ou au littéraire (*Cœur brûle* qui reprend le thème de *Sanctuaire* de Faulkner).

Quelle est alors la part de travail d'imagination et de fiction ?

J-M-G. Le Clézio : L'imagination est l'agencement, le mélange aux rêves, aux obsessions, à la mémoire, cette gelée qui fait « prendre » les éléments d'un récit. Le fait divers brut n'est pas pour moi un prétexte, mais plutôt une incitation, ou une excitation. Ce que j'aime en eux, c'est leur neutralité, leur absence de sens, leur évidence, comparable à celle des communiqués de guerre. Il me serait difficile de bâtir une architecture psychologique sur ces matériaux.

Pourtant si vos textes semblent rester « neutres » et gommer toutes traces de messages ou d'engagements personnels, le choix de ces sujets ne semble pas neutre. Car contrairement à certaines modes littéraires, vos textes racontent encore des histoires qui abordent les grands problèmes de la société contemporaine, les violences faites à l'homme et à la nature... Alors pourquoi ? Refusez-vous l'idée même d'engagement ?

J-M-G. Le Clézio : Non que je me sente désengagé. J'ai, au contraire, une obsession de ces faits divers. L'un deux, à propos de Crystal, jeune fille sacrifiée sur le Mont Taylor en 1993, me trouble à tel point que je n'ose pas l'écrire. Sans doute, la brièveté glacée de ces faits me semble-t-elle exprimer la révolte et la recherche d'une justice mieux qu'aucun compte-rendu plus littéraire. Mais la littérature n'est-elle pas le contraire du réalisme ? À cette question Salman Rushdie répondait naguère : *« la réalité est cachée »*.

Depuis plus de trente ans et avec une belle régularité, vous alternez les publications de romans (une douzaine) et de recueils de textes courts (une demi-douzaine) : à quelle nécessité cette alternance répond-elle ?

J-M-G. Le Clézio : Il me semble (mais je me trompe peut-être) que la différence entre le roman et la nouvelle (ou le conte) n'est pas dans leurs longueurs, mais dans leur nature. Je n'entame jamais un roman sans cet embarras, ce sentiment d'une expression (d'une musique) difficultueuse et coûteuse à mettre à jour. Question d'économie, peut-être ?

Mars 2001.

Achevé d'imprimer par Corlet, Imprimeur, S.A.
14110 Condé-sur-Noireau (France)
N° d'Imprimeur : 2162 - Dépôt légal : juillet 2001

Imprimé en U.E.